T010565-4

EL CAMBIO QUE NECESITA LA IGLESIA

EL CAMBIO QUE NECESITA LA IGLESIA

Manuel Rodríguez Espejo, escolapio

Copyright © 2015 por Manuel Rodríguez Espejo, escolapio.

Número de Control de la Biblioteca del Congreso de EE. UU.: 2015917854
ISBN: Tapa Blanda   978-1-5065-0958-7
             Libro Electrónico   978-1-5065-0959-4

El texto Bíblico ha sido tomado de la version, Biblia de Jerusalén 1975, Editorial Desclée De Brouwer, Bilbao, España.

Fecha de revisión: 29/10/2015

Palibrio
1663 Liberty Drive
Suite 200
Bloomington, IN 47403
Gratis desde EE. UU. al 877.407.5847
Gratis desde México al 01.800.288.2243
Gratis desde España al 900.866.949
Desde otro país al +1.812.671.9757
Fax: 01.812.355.1576
ventas@palibrio.com
727990

ÍNDICE

PRÓLOGO

Soy "educador" desde hace 48 años. Y he escrito la palabra entre comillas, porque no creo –después de tantos años enseñando, dando Ejercicios y charlas- que nadie eduque a nadie, sino que lo más que podemos hacer los que nos llamamos con este pomposo nombre es ayudar o estorbar al joven a **autoeducarse.** Esto es como la comida o el sueño: nadie puede comer o dormir por ti.

Llevo muchos años soñando con romper el círculo de mis alumnos físicos y poder brindar a muchos otros jóvenes –los que queráis leerme- aquello que vosotros y la vida me habéis enseñado. A veces lecciones concluidas y otras muchas, simples interrogantes.

Estas páginas no son una autobiografía, ni mucho menos una novela. Son las ideas en las que hoy creo y las preguntas que todavía hoy me sigo haciendo, removidas por las palabras del Papa Francisco. Me urge dejar claro que para mí la **fe** no es un compartimento estanco, al margen de otros compartimentos de mi vida. No. La **fe**, como apreciarás por la mezcla de temas que te ofrezco -unos "religiosos" y otros "aparentemente no-religiosos"- la concibo como **aquello integral e integrador,** que me empuja a crecer como persona, en todas mis dimensiones, incluida la de hijo de Dios, desde mi bautizo, y habitado por el mismo Dios con el nombre de Espíritu Santo. De ahí la mezcla de temas que ofrezco en este nuevo libro.

Permíteme una breve cita, que dice esta idea mejor que yo:

> *"Mi experiencia, en los cursos que doy sobre espiritualidad, es que cuando hago preguntas contestan identificando "vida espiritual" con vida de oración, práctica de la meditación, práctica religiosa, relación con Dios... Muy pocas personas entienden la pregunta en relación a cómo son sus relaciones*

interpersonales, cómo utilizan su dinero, su tiempo, su energía, con qué seriedad y honradez viven su trabajo profesional, cómo se comprometen con el cambio estructural para hacer de este mundo un mundo más justo" (pp. 24 a 27 de: "Cuerpo espiritual", de Emma Martínez Ocaña, en Editorial: Narcea)

Escribo para jóvenes, con vocabulario a su alcance. Y con un ruego: no me gustaría que los lectores simplemente me leyerais, sino que, a la par, fuerais descubriendo vuestra postura personal ante lo que leéis. Y si os animáis a hacerlo con papel y boli, mucho mejor.

Manuel Rodríguez Espejo, escolapio
Santuario de San José de Calasanz
Peralta de la Sal (Huesca)

El arzobispo de Atenas, Nikolaos Foskolos, *"propuso una Iglesia más sencilla, precisando que en la Iglesia, en cuanto un organismo viviente, se han acumulado cosas inútiles. Por ello dijo que el Concilio Vaticano II ha realizado la renovación de la Iglesia dentro de la tradición. Esto ayudará a que ésta no sea vista como una potencia occidental europea, y que, a modelo de la primitiva, sea capaz de inculturarse en todos los países de la tierra"*. (En Zenit, especial 50 años del Vaticano II)

CAPº 1

EL VERDADERO CAMBIO QUE NECESITA NUESTRA IGLESIA

Son muchos los autores que llevan tiempo afirmando que la Iglesia necesita un cambio pronto y fuerte. Lo primero que habríamos de aclarar es el sentido que damos a la expresión "la Iglesia", porque, desgraciadamente muchos la confunden con "la jerarquía", como si el resto no fuéramos "Iglesia". Otros, afortunadamente, entienden por "la Iglesia" el conjunto de bautizados. En este segundo grupo me alineo yo.

La Conferencia Episcopal Española (CEE) celebró hace un tiempo un Congreso sobre la Biblia. Y en él, Ladaria, teólogo y arzobispo, afirmó: "El verdadero cambio necesario que urge a nuestra Iglesia… es el reto de la santidad, de la fidelidad, de la comunión, de la constante renovación espiritual y del ardor evangelizador.

El verdadero cambio necesario es vivir de la Palabra de Dios, que encuentra en la Iglesia el único ámbito adecuado para su interpretación como Palabra actual de Dios.

El verdadero cambio que necesitamos es el del desapego, iluminado desde la fe y desde la independencia ideológica, ante las consignas y reclamos de la moda y de lo político, social o culturalmente correcto, que aunque pueda conllevar renuncias, son, en realidad, ofrendas libres, generosas y en positivo por la auténtica causa del Reino.

Claro que hay que escuchar y discernir *los signos de los tiempos*. Claro que siempre es bueno el diálogo y el encuentro. Y estos mismos signos de los tiempos desde el diálogo y el encuentro precisos lo que

1

reclaman de nosotros los cristianos, de nosotros miembros de la Iglesia, no son posturas acomodaticias ni posicionamientos ideologizados y trasplantados desde fuera. No son viejas y superadas polémicas, ni nuevas o larvadas divisiones o disensiones. No son posiciones lejanas y hasta contrarias al magisterio eclesial, sino todo lo contrario.

En medio de estos presentes tiempos recios de increencia y secularización, lo que reclaman los signos de los tiempos no es que nosotros también nos secularicemos y presentemos, vivamos y transmitamos un Evangelio «light» o bajo en calorías para así, supuestamente -solo supuestamente- hacerlo más atractivo y simpático, porque si la sal se vuelve sosa… Lo que necesitamos es fe en plenitud, cultivo espiritual, comunión eclesial, autenticidad, lealtad, conversión y pasión por Jesucristo, por su Iglesia y por la misión evangelizadora a favor de la humanidad. Es, en suma, ser más de Dios, del Dios de Jesucristo, para así ser más y mejor de y para los hombres nuestros hermanos".

En esta línea va, sin duda, la intención de Benedicto XVI, que me ha sugerido los temas que voy a desarrollar, preocupación de mi hacer pastoral: «Queremos hacer notar que, si el Concilio no habla expresamente de la fe, habla de ella en cada página, al reconocer su carácter vital y sobrenatural, la supone íntegra y con fuerza, y construye sobre ella sus enseñanzas (citando a Pablo VI).

Es preciso que esta doctrina verdadera e inmutable, que ha de ser fielmente respetada, se profundice y presente según las exigencias de nuestro tiempo» (citando a Juan XXIII)

El Concilio no ha propuesto nada nuevo en materia de fe, ni ha querido sustituir lo que era antiguo. Más bien, se ha preocupado para que dicha fe siga viviéndose hoy, para que continúe siendo una fe viva en un mundo en transformación.

En estos decenios ha aumentado la «desertificación» espiritual. Si ya en tiempos del Concilio se podía saber, por algunas trágicas páginas de la historia, lo que podía significar una vida, un mundo sin Dios, ahora lamentablemente lo vemos cada día a nuestro alrededor. Se ha difundido el vacío. Pero precisamente a partir de la experiencia de este desierto, de este vacío, es cómo podemos descubrir nuevamente la alegría de creer, su importancia vital para nosotros, hombres y mujeres. En el desierto se vuelve a descubrir el valor de lo que es esencial para vivir; así, en el mundo contemporáneo, son muchos los signos de la sed de Dios, del sentido último de la vida, a menudo manifestados de forma implícita o negativa. Y en el desierto se necesitan sobre todo personas de fe que, con su propia vida, indiquen el camino hacia la Tierra prometida y de esta forma mantengan viva la esperanza.

Así podemos representar la vida del creyente: como una peregrinación en los desiertos del mundo contemporáneo, llevando consigo solamente lo que es esencial: ni bastón, ni alforja, ni pan, ni dinero, ni dos túnicas, como dice el Señor a los apóstoles al enviarlos a la misión (cf. *Lc* 9,3), sino el evangelio y la fe de la Iglesia, de los que el Concilio Ecuménico Vaticano II son una luminosa expresión, como lo es también el *Catecismo de la Iglesia Católica.*

«La palabra de Cristo habite entre vosotros en toda su riqueza; enseñaos unos a otros con toda sabiduría; corregíos mutuamente... Todo lo que de palabra o de obra realicéis, sea todo en nombre del Señor Jesús, dando gracias a Dios Padre por medio de él» (Col 3,16-17). Amén"

CAPº 2

¿QUÉ ES LO QUE PONE A LA IGLESIA EN APUROS?

Te ofrezco una interesante entrevista en la que Mons. Alber Rouet, arzobispo de Poitiers, analizó la situación actual de la Iglesia.

–¿Cómo vive usted esta situación actual de la Iglesia? La Iglesia es un buen espejo de la sociedad. Pero actualmente, en su interior son especialmente fuertes las presiones relativas a la identidad. Pero ¿acaso podemos decir que la mariposa es "más" o "menos" que la crisálida? Es otra cosa. Por eso yo no razono en términos de degeneración o de abandono: estamos en proceso de mutación.

Nos falta calcular la amplitud de esa mutación. Mire mi diócesis: hace setenta años, tenía 800 curas. Hoy en día, tiene 200, pero también cuenta con 45 diáconos y 10.000 personas involucradas en las 320 comunidades locales que comenzamos a crear hace quince años. Y eso es mejor. Hay que acabar con la pastoral tipo SNCF (N.T. la Renfe en Francia). Hay que cerrar algunas líneas y abrir otras. Cuando uno se adapta a la gente, a su manera de vivir, a sus horarios, la asistencia aumenta, también a la catequesis.

–¿La Iglesia tiene esta capacidad de adaptación? ¿De qué forma?

Nosotros ya no tenemos el personal suficiente para una división territorial con 36.000 parroquias. Y entonces, o bien lo consideramos una desgracia de la que hay que salir a cualquier precio y resacralizamos al cura, o bien inventamos otra cosa. La pobreza de la Iglesia es una

4

provocación para que abramos nuevas puertas. ¿La Iglesia debe apoyarse en sus clérigos o en sus bautizados? Yo pienso que la Iglesia debería confiar en los laicos y dejar de funcionar sobre la base de una división territorial medieval. Esto es un cambio fundamental. Y un reto.

–¿Ese reto supone el abrir el sacerdocio hacia los hombres casados?

¡Sí y no! No, ya que imagínese que mañana yo pueda ordenar a diez hombres casados, que los conozco, no es eso lo que falta. No podría pagarles. Deberían trabajar, por lo tanto, y no estarían disponibles más que los fines de semana para los sacramentos. Así regresaríamos a una imagen de la cura vinculada sólo al culto. Sería una falsa modernidad.

Sin embargo, si cambiamos la manera de ejercer el ministerio, si su función en la comunidad es otra, entonces sí, podemos considerar la ordenación de hombres casados. El cura no debe seguir siendo el patrón de la parroquia; debe de apoyar a los bautizados para que se conviertan en adultos de fe, debe formarlos, evitar que se replieguen en sí mismos.

Es él [el cura] quien debería recordarles que son cristianos para los otros, no para sí mismos. Entonces, él presidiría la eucaristía como un gesto de fraternidad. Si los laicos siguen siendo menores de edad, la Iglesia no tendría credibilidad. Ella debe hablar de adulto a adulto.

–Usted considera que la palabra de la Iglesia ya no se adapta al mundo. ¿Por qué?

Con la secularización, se formó una especie de "burbuja espiritual" dentro de la cual flotan las palabras. Comenzando por la palabra "espiritual", que cubre prácticamente cualquier tipo de mercancía. Por lo tanto, es importante dar a los cristianos los medios para identificar y expresar los elementos de su fe. No se trata de repetir una doctrina oficial sino de permitirles decir libremente su propia adhesión.

Frecuentemente es nuestra manera de hablar la que no funciona. Hace falta descender de la montaña al llano y hacerlo humildemente. Para ello se requiere de un gran trabajo de formación, ya que la fe se había convertido en algo de lo que no se hablaba entre cristianos.

-¿Cuál es hoy su mayor preocupación sobre la Iglesia?

El peligro es real. La Iglesia corre el riesgo de convertirse en una subcultura. Mi generación estaba apegada a la idea de inculturación, a la inmersión en la sociedad. Hoy en día, el riesgo es que los cristianos se encierren y endurezcan simplemente porque tienen la impresión de estar frente a un mundo de incomprensión. Pero no es acusando a la sociedad de todos los males como alumbramos a la gente. Al contrario, hace falta una inmensa misericordia para con este mundo donde millones de personas mueren de hambre. Nos toca a nosotros amansar a ese mundo, nos toca a nosotros volvernos más amables. (Eclesalia Informativo).

CAPº 3

LA FE DEL FUTURO DIFÍCILMENTE SERÁ CLONACIÓN DEL PASADO

Al evangelio original de Marcos se le añadió en algún momento un apéndice donde se recoge este mandato final de Jesús: *«Id al mundo entero y proclamad el Evangelio a toda la creación»*. El Evangelio no ha de quedar en el interior del pequeño grupo de sus discípulos. Los creyentes hemos de salir y desplazarnos para alcanzar al «mundo entero» y llevar la Buena Noticia a todas las gentes, a «toda la creación».

Sin duda, estas palabras eran escuchadas con entusiasmo cuando los cristianos estaban en plena expansión y sus comunidades se multiplicaban por todo el Imperio, pero ¿cómo escucharlas hoy cuando nos vemos impotentes para retener a quienes abandonan nuestras Iglesias porque no sienten ya necesidad de nuestra religión?

Lo primero es vivir desde la confianza absoluta en la acción de Dios. Nos lo ha enseñado Jesús. Dios sigue trabajando con amor infinito el corazón y la conciencia de todos sus hijos e hijas, aunque nosotros los consideremos «ovejas perdidas». Dios no está bloqueado por ninguna crisis.

Él no está esperando a que desde la Iglesia pongamos en marcha nuestros planes de restauración o nuestros proyectos de innovación. Sigue actuando en la Iglesia y fuera de ella. Nadie vive abandonado por Dios, aunque no haya oído nunca hablar del Evangelio de Jesús.

Pero todo esto no nos dispensa de nuestra responsabilidad. Hemos de empezar a hacernos nuevas preguntas: ¿Por qué caminos anda buscando

Dios a los hombres y mujeres de la cultura moderna? ¿Cómo quiere hacer presente al hombre y a la mujer de nuestros días la Buena Noticia de Jesús?

Hemos de preguntarnos todavía algo más: ¿Qué llamadas nos está haciendo Dios a cada uno de nosotros –tú, lector/a y yo-- para transformar nuestra forma tradicional de pensar, expresar, celebrar y encarnar la fe cristiana de manera que propiciemos la acción de Dios en el interior de la cultura moderna? ¿No corremos el riesgo de convertirnos, con nuestra inercia e inmovilismo, en freno y obstáculo cultural para que el Evangelio se encarne en la sociedad contemporánea?

Nadie sabe cómo será la fe cristiana en el mundo nuevo que está emergiendo, pero, seguro que no será «clonación o fotocopia» del pasado. El Evangelio tiene fuerza para inaugurar un cristianismo nuevo. (José Antonio Pagola, en Eclesalia Informativo)

CAPº 4

PALABRAS DE BENEDICTO XVI POCO ANTES DE DIMITIR

El Santo Padre afirmó: "si nosotros estamos convencidos y tenemos la experiencia de que sin Cristo la vida es incompleta, le falta una realidad, que es la realidad fundamental. Debemos también estar convencidos de que no hacemos ninguna injusticia a nadie, si le mostramos a Cristo y le ofrecemos la posibilidad de hallar él también, de este modo, su verdadera autenticidad, la alegría de haber encontrado la vida".

"Es más –subrayó- debemos hacerlo: es nuestra obligación ofrecer a todos esta posibilidad de alcanzar la vida eterna"

Cuánta timidez y vergüenza tenemos a veces para hablar en público de Jesús y de nuestra Iglesia. ¿De qué puede ser signo esta actitud? Cuántas veces nos acomplejamos al oír que nos acusan de querer manipular la vida política. Son muchos los que ignoran que "ofrecer" no es igual que violentar ni "imponer". Tengamos las ideas claras y no callemos cuando debemos hablar. Recordemos lo que nos acaba de decir Benedicto XVI: es nuestra obligación ofrecer a todos la posibilidad de alcanzar la vida eterna.

En el mismo discurso nos recordó que la fe no achica la mente, sino todo lo contrario: "Por tanto, la adhesión genuina a la religión, en vez de restringir nuestras mentes, amplía los horizontes de la comprensión humana. Esto protege a la sociedad civil de los excesos de un ego incontrolable, que tiende a hacer absoluto lo finito y a eclipsar lo infinito; de esta manera, asegura que la libertad se ejerza en consonancia

9

con la verdad; y enriquece la cultura con el conocimiento de lo que concierne a todo lo que es verdadero, bueno y bello".

Por último dijo, defendiendo su actuación en sus viajes apostólicos: "esta labor de paz interpela a la razón: precisamente, porque no somos parte política, podemos quizás más fácilmente, también a la luz de la fe, ver los verdaderos criterios, ayudar a entender lo que contribuye a la paz y hablar a la razón, apoyar las posturas realmente razonables. Y esto lo hemos hecho ya y queremos hacerlo ahora y en el futuro", concluyó.

CAPº 5

LOS JÓVENES PODÉIS ARREGLAR EL DETERIORO DE LA IGLESIA

S. Agustín afirma: *"Yo reconozco mi culpa, dice el salmista. Si yo la reconozco, dígnate tú perdonarla. No tengamos en modo alguno la presunción de que vivimos rectamente y sin pecado. Lo que atestigua a favor de nuestra vida es el reconocimiento de nuestras culpas. Los hombres sin remedio son aquellos que dejan de atender a sus propios pecados para fijarse en los de los demás. No buscan lo que hay que corregir, sino en qué pueden morder. Y, al no poderse excusar a sí mismos, están siempre dispuestos a acusar a los demás… ¿Quieres aplacar a Dios? Conoce lo que has de hacer contigo mismo para que Dios te sea propicio…"*

La Iglesia es humana y divina (obra de Dios, querida por el Padre, iniciada por Jesús y asistida por el Espíritu). En cuanto humana, sin dejar de ser divina al mismo tiempo, tiene todos los defectos (pecados colectivos y personales) de toda agrupación humana. No te escandalices.

Siento con dolor que el deterioro colectivo de la Iglesia es debido a la 'NO puesta al día' y al mantenimiento de las prácticas que en cada época han ido apareciendo y se han mantenido ya fuera de su contexto. Comprendo que al ser millones de fieles, de muchas culturas y edades distintas, es bastante difícil poner a todos al mismo paso. De ahí los 'encontronazos' entre los que caminan más rápido y quienes se aferran a lo de siempre.

Tengo confianza plena en que los jóvenes seréis capaces de este trabajo hermoso: renovar a la Iglesia, adecuarla a los signos de los tiempos, como quiso el Concilio, hace ahora más de 50 años. Y al escribiros esto me viene a la memoria una frase que me impactó cuando yo era todavía seminarista. Vino a nuestro Seminario un Padre Escolapio muy mayor, y en las Exposiciones del Santísimo nos hablaba. La frase que se me gravó era: *Los mayores al timón y los jóvenes a los remos.* A mí me parecía que se le transfiguraba el rostro cuando nos decía aquello con tanta fe. Y creo que, en efecto, esta es la fórmula para renovar permanentemente a nuestra Madre la Iglesia.

La sencillez de los primeros seguidores de Jesús, que, además, se jugaban el tipo, ha desaparecido con el crecimiento en número y en aceptación de la Institución; y ahora se necesita mucha fuerza para volver a aquella sencillez o centralidad; para hacer comprender a todos los que nos llamamos cristianos que el verdadero culto a Dios (reconocimiento de su Señorío) no consiste en esa "religiosidad", que se reduce a ritos, un poco de sacramentos y muchos actos o devociones: rosario… novenas… promesas…para que Dios me escuche… Mientras que, fuera de esos ratos, y, especialmente, en los criterios que dirigen nuestras 24 horas diarias, NO actuamos como creyentes: uso del dinero, del tiempo, del sexo… atención a los "pecados internos": los enemigos del corazón…

CAPº 6

TE VOY A LEER TROZOS DE MI DIARIO

Sí, yo también hago 'diario'. Pero sólo a veces. He aquí lo que escribí, no hace todavía un año, al regresar de dar una Tanda de Ejercicios Espirituales a Religiosas Adoratrices Guadalupanas. Fíjate qué cantidad de cosas, aparentemente distintas, me vinieron a la pluma. Copio: "sentí que Dios me hacía entender con insistencia que cuando venimos al templo a adorar al Santísimo o a rezar a Cristo en el sagrario o en la imagen del crucificado, no es a Él a quien debería dirigirme, sino a mí mismo para recargar mis pilas y ser más consecuente con la fe que digo profesar.

Viendo a Dios en la custodia no tendría que pensar en Él, en lo que Él ha hecho por mí, por todos nosotros, sino en lo que yo debo imitar de su vida. Se ha quedado en el pan consagrado a disposición de quien quiera visitarlo o no, insultarlo o alabarlo... y yo lo que debo hacer es imitar esta actitud.

Hoy veo clara nuestra confusión en la mayoría de peticiones que hacemos: *concédeme... haz (tú) que consiga trabajo... dame...* Por el contrario, el *Padre Nuestro,* si lo rezo con la conciencia de que me estoy comprometiendo en lo que pido, caigo en la cuenta que Dios es Padre, no colega ni juez a lo humano; que *"estás en el cielo"* no es como suena, sino que está en mi profundidad (mi cielo); *"santificado sea tu nombre"* no es posible, si yo no lo santifico; *venga a nosotros tu reino,* su reinado sólo será realidad, si yo le doy permiso para reinar en mí, si yo vivo obedeciendo su voluntad y no pretendiendo imponerle la mía.

"Hágase TU voluntad": quien la tiene que hacer soy yo que rezo estas palabras y no 'los otros', porque yo no tengo poder sobre la voluntad de

13

los otros, pero sobre la mía sí debo tenerlo; *"danos hoy nuestro pan de cada día"*: ¿puedo dudar que me lo da, si él es todo amor y me ha creado por amor?; ¿qué me dice, pues, esa expresión?: que tengo que reconocer que me ha dado inteligencia, voluntad, dos manos y dos pies, para buscar "mi pan". HOY y CADA DÍA me compromete a no almacenar, a no vivir de los otros, sino a trabajar para tener lo necesario, yo y otros a los que pueda ayudar con mi trabajo.

"Perdona nuestras ofensas como también nosotros perdonamos": ¿cómo tengo cara para pedir perdón, si yo no perdono (¿recuerdas la parábola del siervo perdonado por su señor, que no perdona a su compañero, en una reacción muy humana, pero que no es la reacción "divina"?... Si no la recuerdas, búscala en los Evangelios.

"No nos dejes caer en la tentación", pero Dios ni es el autor de la tentación ni es el que me la va a quitar, sino que soy yo quien debe comprometerse y aprender a no arrimarme al fuego, vigilar por tanto mi vista, mis pensamientos, lo que leo, mis amistades…

"Y líbranos del mal": lo más que podría decir yo es: "ayúdame a librarme, pero si yo no pongo los medios oportunos, si cultivo el mal ¿cómo voy a esperar de Dios que él haga lo que me toca a mí hacer?

¿Qué es lo que recibo, si rezo así el Padre Nuestro?: pilas para ponerme a imitar a Cristo, sabiendo por adelantado que eso es lo que agrada a Dios, porque me hace bien a mí, su hijito amado. El rezo no es, esencialmente, para 'ofrecerlo' por un difunto, para tener suerte en el examen…". Aquí acaba la primera cita de mi diario.

CAP° 7

¿CUÁL ES EL CULTO QUE DIOS ESPERA DE TI?

En otro trozo de mi Diario a la vuelta de aquella Tanda de Ejercicios escribí: "Se ve que he regresado cargado de mis preocupaciones más antiguas. El culto más auténtico es el poner en práctica las palabras del Génesis: *creced, multiplicaos, desarrollad la tierra.* No consiste en poner flores a las imágenes y seguir con mi vida pagana; no es incensar el altar, el crucifijo... y seguir con mi vida pagana...

El Ofertorio Común IV dice textualmente: *Señor Padre santo... aunque no necesitas de nuestra alabanza, es don tuyo el que seamos agradecidos; y aunque nuestras bendiciones no aumentan tu gloria,* <u>nos aprovechan (a nosotros) para nuestra salvación</u>, por Cristo nuestro Señor (y no por nuestros méritos, sino por los suyos).

Voy a la capilla, rezo... para reponerme las pilas y mantenerme fiel al Señor las 24 horas de cada día, rechazando los criterios, gustos y hábitos mundanos (el Catecismo antiguo decía que los enemigos de Dios eran tres: mundo, demonio y carne <u>¿qué es la carne?: mi naturaleza animal-racional</u>, no el sexo-genitalidad, como algunos interpretan.

¿Qué valor tiene, p.ej. encender una vela a Dios, a María o a un santo?: si va acompañada de mi compromiso por ser cada día mejor cristiano, si me ayuda a cambiar mis actitudes y actos vale, en tanto en cuanto externalizo ese propósito. Recordemos al profeta: *no quiero vuestros sacrificios ni holocaustos, sino un corazón contrito* (obediente, dócil, sencillo, agradecido...).

Ojo con los pecados capitales, que son cabeza de otros muchos; y más ojo con los pecados del corazón, que es el motor del hombre. Mi esfuerzo debería estar en perseguir *un corazón puro, limpio, sencillo, humilde, auténtico...*

Y cuidado también con despreciar ciertas cosas o actitudes "antiguas" sólo por ser antiguas, porque muchas cosas son permanentes en la persona....

La acción de gracias es la actitud básica del creyente. Hay que manifestarla permanentemente a Dios, porque todo lo que somos y tenemos lo hemos recibido de él. También hemos de acoger el servicio que nos hacen nuestros padres, el catequista o profe de enseñarnos lo que no sabemos; corregirnos lo que hacemos mal y confirmarnos lo que ya hacemos bien".

CAP° 8

¿POR QUÉ UNOS TENEMOS MÁS VOLUNTAD QUE OTROS?

Es un hecho que unos hombres tienen más voluntad que otros. ¿Los ha hecho Dios diferentes? ¿Nos ha hecho a todos iguales, pero ayuda a unos más que a otros? Ante el ejemplo de Jesús ¿por qué sólo algunos reaccionan positivamente?

Te puede ayudar hacerte estas preguntas y otras parecidas:

1) ¿Tú crees firmemente que tienes defectos y los puedes superar?

2) ¿Qué es lo que te falta: arranque o perseverancia? ¿ayuda? ¿la suerte que tiene el otro? ¿Te parece pequeño tu defecto?

3) ¿Te sientes a gusto como eres?

4) ¿Qué motivos tienes ahora mismo para crecer, para exigirte más?

5) ¿No te mueve el mucho amor que Dios y la gente te tiene? ¿lo que la sociedad y tu familia han hecho por ti? ¿Crees que Dios te ha dado su capacidad infinita?

6) ¿Te excusas en tus genes, en tu cultura o en los hábitos adquiridos de pequeño, que son los tres enemigo de los que habla Tony de Mello?

7) ¿Hasta qué punto te mueven la ciencia y los avances en las 'marcas', los ejemplos de esas dos jóvenes que sin brazos pilotan un avión o bordan y enhebran la máquina de coser?…

CAPº 9

UNA MIRADA RÁPIDA A JESÚS, MARÍA Y JOSÉ

Si contemplamos la vida de Jesús, y, particularmente su Pasión y muerte, nos queda claro que Dios no piensa como nosotros, no valora lo que nosotros valoramos. Sus criterios sobre el dolor, el sufrimiento, el fracaso… no coinciden con los nuestros. No sé si se puede decir que, afortunadamente, no nos dirige como si fuéramos muñecos. Nos ha creado libres y somos responsables de nuestras acciones. ¡Qué bien lo expresó San Agustín: *Dios, que nos ha creado sin nuestro consentimiento, no nos salvará sin nuestro consentimiento!*

Muchas veces me he preguntado ¿para qué se habrá hecho hombre Dios? Y la única respuesta que me deja un poco satisfecho es ésta: para hacernos ver que desde nuestra realidad humana podemos cumplir la voluntad del Padre como él la cumplió.

Pero por si mi respuesta no te parece válida, mira a María, la Madre de Jesús. No fue una princesa, sino una mujer del pueblo, anónima. Alguien capaz de renunciar a su plan familiar (cuando la Anunciación ya estaba prometida con José, para fundar una 'familia normal') y a ponerse en manos del Padre, sin más seguridad que su confianza en las palabras del Enviado.

Sufro mucho cuando veo en qué se ha convertido, algunas veces -¿muchas?- el ejemplo de esta mujer fuerte. ¿Por qué no imitamos sus muchos ejemplos que tanto bien nos harían y nos limitamos a ponerle mil nombres y echarle miles de piropos barrocos, que sólo nos sirven para no coger el toro por los cuernos?

Te invito a preguntarte —y contestarte- cuáles son los auténticos ejemplos que María y el Padre desean que imitemos los cristianos. Si los escribes, mejor.

¿Y qué decir de ese otro "anónimo", José, del que el Evangelio dice tan poquito… ¿Te has preguntado alguna vez si no será para que tú y yo aprendamos a cargar con tantas cosas que 'no las hemos buscado ni guisado'?

José parece que muere pronto y los Evangelios poco dicen de él en época machista; María queda viuda joven (el prototipo de "don nadie" en su cultura); y Jesús se cría como huérfano de papá.

Nosotros hemos 'convertido' a Jesús, José y María "en figuras no terrenales, y, por tanto, plenamente imitables", porque no valoramos la sencillez y concreción de Dios, en su ser y su actuar. No queremos fijarnos en esta realidad "carnal", sino en su 'condición especial', para no tener que imitarlos. E igualmente hemos montado la Iglesia y la Vida Religiosa al estilo de las otras asociaciones humano-políticas, renunciando a su doble condición de "pecadora y santa". No solo pecadora. Pero tampoco solo santa.

Es curioso que en el Nuevo Testamento no se habla de milagros de María ni de José. ¡Cuándo aprenderemos!

CAPº 10

¿QUÉ DEBERÍAMOS ENSEÑAR A LOS PEQUEÑITOS?

A veces se me ocurren ideas peregrinas, como la que te voy a contar, a ver qué piensas tú. Me empeño yo, en la soledad de mi cuarto, en que desde muy pequeñitos habría que "enseñar a los hijos y alumnos todas estas cosas y algunas más: el papel que juega en la vida la suerte, la ayuda técnica, un buen entrenador/educador; la capacidad de esforzarse; el ser positivo siempre y no negativo; optimista y no pesimista; acostumbrarse a superar obstáculos (a esto se le llama con esta 'palabrota': resilencia); a no hundirse y quedarse bloqueado ante las dificultades y fracasos; a adquirir fortaleza de ánimo (psíquica), además de la física; saber alimentarse, es decir, qué alimentos son mejores para mantener la salud.

Pienso también que habría que enseñarles a confiar en sí mismos, tener autoestima (estimarse y quererse a ellos mismos) y no estar permanentemente pendientes de qué dicen los otros de ellos, si los valoran o no; a ser humildes, que quiere decir reconocer los valores que tienen y las limitaciones que también tienen, o dicho de otro modo, ser realistas, sin confundir sus sueños con la realidad; ser modestos. ¿Sabes cómo define el diccionario la modestia? ¡Sorpréndete!: *"Falta de lujo, honestidad"* ¿A que no coincide con lo que tú hubieras dicho?

Sigo: habría que ayudarles a los pequeñitos también a aceptar todo lo bueno y malo que les ocurra con agradecimiento, como si viniera de la mano de Dios. Digo "como si viniera", porque no viene de Dios, puesto que Él no guía nuestras vidas como el pequeñín guía el carrito sin motor tirando de la cuerda.

21

Ya voy a terminar, pero soy consciente de que todavía quedan muchas más cosas importantes, que sería buenísimo aprender de pequeñitos-pequeñitos –para vivir felices, triunfadores le llamarían otros– Pero concluyo con esta actitud: confianza en los demás y en Dios (que no es una pastilla de aspirina).

¿Qué te parece mi sueño? ¿No has experimentado ya que en tu vida, a tu edad, puede que te falte alguna de estas "actitudes" o te convenga reforzarla?

CAPº 11

¿CUÁLES SON LAS CAUSAS DE QUE ALGUNOS ABANDONEN LA IGLESIA?

Estamos dando a Dios un culto que no es el que él nos pide en su Palabra. Y, con frecuencia, tranquilizamos nuestra conciencia con muchos adornos en los templos, cantos y música en la eucaristía, poca confesión y casi nada de la vivencia del Bautismo y la presencia del Espíritu Santo en nuestro cuerpo. Al pobre E.S. lo tenemos olvidado y encerrado, maniatado; no tenemos fuerza de atracción, no ejercemos de *profeta, sacerdote y rey.*

Hemos desterrado una serie de costumbres (la presencia de Dios, el hablar espontáneamente con él, el examen de conciencia, el sentido cristiano del domingo y las fiestas de solemnidad...) que también hoy nos ayudarían a no vivir como paganos.

¿Cómo quiere Dios ser tratado?: con sencillez y solemnidad al mismo tiempo, con espontaneidad y sinceridad, con constancia (no a impulsos del gusto), con confianza total, no a medias, en su amor compasivo y misericordioso. *NO HE VENIDO A JUZGAR, SINO A SALVAR.*

Yo tengo la convicción de que son **cuatro** las causas de la poca fuerza de atracción que parece tener hoy nuestra Iglesia Católica. Esto explicaría que se nos estén yendo personas sencillas a otras Iglesias o Sectas buscando lo que aquí no encuentran y que otros muchos abandonen la práctica de la fe:

La primera es que Jesús mandó a los apóstoles de su tiempo, y en ellos también a todos nosotros, a ti, lector, y a mí, porque todos somos "sacerdotes" (unos tenemos el sacerdocio llamado "de los fieles", pero sacerdocio; y otros, además, el sacerdocio del orden): "Id, predicad el Evangelio". Pero cuando hablamos a los otros de Dios, no 'predicamos' con la fuerza de la Palabra, sino con la debilidad de nuestros razonamientos. Y quien puede convertirnos no es nunca el razonamiento humano, sino el Cristo de la Cruz, *"necedad para los sabios de este mundo y sabiduría para los sencillos de corazón"*, como dijo Pablo tras su fracaso en el Ateneo.

La segunda, que el mandato de Jesús no se agotó en "id y predicad", sino que añadió *"curad a los enfermos…"*. Y seamos sinceros ¿qué cura o qué laico se cree que tiene semejante poder, mejor dicho, semejante "**mandato**"?. ¿Será que Jesús es un mentiroso? ¿Será que su palabra "no cumple lo que dice"? ¿Será que hablaba por hablar, cuando dio esta orden a los Doce?… No es esto, ciertamente, lo que afirmamos de la Palabra *"viva y eficaz"*.

La tercera causa sería haber abandonado la corrección fraterna. Con frecuencia ni en las comunidades religiosas ni en la propia familia nos atrevemos a corregirnos, cuando hacerlo es un acto de amor y un **mandato** del Señor.

La cuarta, haber olvidado la práctica del discernimiento, es decir, de buscar cómo actuaría Jesús en nuestros problemas de hoy.

CAPº 12

CRISTO, CAMINO PARA LA VERDAD Y LA VIDA

De San Benito, San Francisco, San José de Calasanz, y tantos otros, podemos aprender a la perfección el mensaje y la invitación que Jesús nos hace en el evangelio, porque seguir a Cristo es el mejor camino para alcanzar los bienes más importantes en esta vida. Qué bien entendieron y aplicaron ellos, a sus vidas, la respuesta que Jesús dio a Pedro. *El que por mí deja casa, hermanos o hermanas, padre o madre, mujer, hijos o tierras, recibirá cien veces más y heredará la vida eterna.*

No se trata de **dejar** y olvidarnos de todo y de todos por Él, sino que la verdadera sabiduría está en **elegirle** a él como lo fundamental y más importante en esta vida terrena. Se trata de sentirle Padre y sabernos hijos suyos, súper amados y queridos. Se trata de dejarnos amar por él. Que sea él quien llene y plenifique nuestra vida, para que de esta manera, nosotros podamos mirar, acompañar y amar a los demás con su amor. Así gustaremos lo bueno que es su amor y nos hará felices y dichosos.

Se trata de escuchar su Palabra, que nos señala el camino a seguir, de guardarla en nuestro corazón y hacerla vida como hizo María. Se trata de fiarnos plenamente de Dios y confiar en él, porque tiene un sitio para cada uno de nosotros en su corazón.

Nuestro Dios, no es un Dios que quiera ponernos cargas ni normas ni leyes pesadas para agobiarnos; lo que quiere es nuestra felicidad y nuestro desarrollo pleno, como auténticos hijos suyos.

25

Escuchándole a él y haciendo lo que nos dice encontraremos la felicidad verdadera, porque su paga es el ciento por uno aquí y ahora y en herencia la Vida Eterna, la vida para siempre en su casa, en su corazón de Padre para toda la eternidad.

Su deseo, lo que quiere nuestro Dios es salvar tu vida y mi vida y, a través nuestro, la de otros que nos confía y pone en nuestras manos, en nuestro camino.

Padre, me pongo en tus manos. *Haz de mí lo que quieras, sea lo que sea, te doy las gracias, Padre.*

CAPº 13

DOMUND ES TODOS LOS DÍAS DEL AÑO

Yo supongo que tú sabes lo que significa DOMUND: domingo mundial de ayuda a las Misiones. Y seguro que en el cole y/o en la parroquia te han explicado que podemos (y debemos) ayudar a las Misiones de **tres** maneras: orando por los Misioneros y misionandos, para que aquéllos actúen con acierto y éstos abran su corazón al Dios que les predican los Misioneros; colaborando con una limosna generosa, porque los gastos de los Misioneros son muchos y ellos ofrecen su trabajo gratuitamente, sin cobrar; y convirtiéndonos cada uno en misioneros donde vivimos, si el dueño de la mies no nos llama a trabajar en "territorio de misiones".

Pero lo más importante que pretende este Domingo Mundial es que tomemos conciencia de la amplia y compleja misión misionera, que compete a todos los bautizados los 365 días de cada año.

Tú conoces a José, el joven vendido por sus hermanos, que se convierte luego en el misionero de ellos. La historia de José llega al momento culminante en el reencuentro y reconciliación con sus hermanos. Lo maravilloso de este momento se da en José: *yo soy José, vuestro hermano, el que vendisteis a los egipcios. Acercaos a mí. No tengáis miedo, no estéis angustiados. Dios me envió delante de vosotros para salvar vuestras vidas.* Detrás de todo esto está Dios que quiso salvarles del hambre. ¡Qué admirables son los planes de Dios y cómo los va llevando a cabo por caminos que nunca dejan de sorprendernos!

La historia de José nos recuerda a la de Jesús, vendido por los suyos por unas monedas y llevado a la cruz para salvarnos a todos, donde muere pidiendo perdón por sus verdugos. *El Señor, asiste siempre a quien confía en él.*

Qué bueno si aprendiéramos a perdonar a los que nos ofenden al estilo de José y de Jesús, con esa grandeza de corazón. Seguro que nos ayudaría a realizar la tarea misionera a la que hoy nos invita Jesús en el evangelio: *Id por todo el mundo y proclamad a todos que el Reino de los Cielos está cerca.* Y hacedlo con total desinterés económico, sin buscar el propio provecho, *sino dando gratis lo que gratuitamente habéis recibido.* Desde la "pobreza evangélica", sin fundamentaros en los medios materiales y sin nada para el camino; sólo apoyados en la ayuda de Dios y en la fuerza de su Palabra.

El mismo Pablo no quiso ser una carga para la comunidad, sino que trabajó para ganarse el sustento. Aunque no dejó de reconocer que el obrero bien merece sus sustento.

Seamos valientes y generosos para realizar el trabajo misionero y mostremos de palabra y de obra que la salvación de Dios alcanza a toda la persona humana, tanto a su espíritu como a su cuerpo, dispuestos a ser recibidos o rechazados, pero sin miedo. Si en un lugar nos rechazan, iremos a otro donde, sin desanimarnos, sigamos anunciando la Buena Noticia, sigamos misionando..

CAPº 14

NO TEMAS BAJAR A EGIPTO

No temas bajar a Egipto, porque allí te convertiré en un pueblo numeroso: yo bajaré contigo y yo te haré subir.

Estas palabras de ánimo que Dios dirigió a Jacob, nos las dirige también a cada uno de nosotros, para animarnos en nuestro caminar, allí donde nos encontremos, durante esta crisis en la que parece estar metida la Iglesia, nuestra madre. No caminamos solos, Dios está con nosotros siempre; nos acompaña para hacernos 'subir', pero la subida es según su escala de valores, no según la nuestra.

En nuestra vida, hay viajes de ida y vuelta. Todos podemos ser un poco peregrinos, emigrantes y viajeros en la vida de éxodos que no esperábamos. La vida da muchas vueltas, y a veces, nos hace madurar por caminos que, a primera vista, no nos parecen muy agradables.

Ojalá nosotros podamos tener la experiencia de Jacob y José: que Dios está siempre con nosotros. En nuestros momentos de dificultades y problemas, ahí, donde nuestras cuentas no salen como queremos, interpretemos esas situaciones como José: Dios nos ha permitido pasar por estas situaciones amargas, de sufrimientos personales, familiares, sociales y en nuestra Iglesia, para sacar de estos momentos un gran bien para todos. Poder ver en lo "aparentemente negativo" todo lo bueno que Dios tiene para todos.

Cuánto miedo al sufrimiento, a las dificultades, al dolor, a la enfermedad; a que al evangelizar, en nuestro mundo, nos expongamos a malentendidos y reacciones contrarias. Sin embargo, Jesús nos dice en el evangelio que nada de esto tiene que desanimarnos, ni hacernos desistir en nuestro empeño evangelizador. Cuando nos persigan en una ciudad, vayamos a otra. Lo importante es seguir anunciando el amor de Dios a todos con prudencia y sencillez, sabiendo que es el Espíritu quien habla por nosotros.

Si hemos descubierto a este Dios que nos ama tanto, que está con nosotros y nos acompaña siempre para hacernos 'subir', encontraremos el lugar y el modo de comunicarlo a los demás a tiempo y a destiempo.

CAPº 15

IDEAS QUE ME HAN AYUDADO EN MI VIDA

Hace muchos años, leyendo a Hugo Rhaner (hermano del famoso Karl Rhaner, el teólogo jesuita) comprendí internamente que la disyuntiva (o bueno o malo) es signo de inmadurez, porque en la vida todo está mezclado. P.ej. no hay nadie que sea plenamente bueno sin mezcla de mal alguno; en el corazón de cada uno está el trigo y la cizaña, el bien y el mal. Mientras que, por el contrario, aceptar esto, vital y prácticamente, es señal de madurez: todos tenemos un poco de izquierdas y de derechas, todos somos algo buenos y algo malos; Jesús es hombre y Dios, no sólo hombre ni sólo Dios, etc).

La virtud radica en el término medio, pero no matemático; y todos los extremos son viciosos. En nuestra lengua española (o castellana, como prefieren decir otros) generalmente las palabras terminadas en "ismo/s" expresan exageración, y, por tanto, falsedad. Mira: autoridad, es bueno; autoritarismo es malo. Vulgarmente hablando decimos: "no hay que quedarse corto ni pasarse de largo".

Esta otra frase me impactó mucho y me ayudó a vivir con más paz y más realismo: *Cuando era joven soñé que sería capaz de convertir al mundo entero; cuando crecí rebajé mi sueño y me dije: ¡si por lo menos fuera capaz de convertirme a mí mismo!. Y ahora que soy mayor he comprendido que por mis solas fuerzas nunca alcanzaré ni lo uno ni lo otro. ¡Menos mal que hay quien ya redimió al mundo!* Los sueños son muy beneficiosos, pero en su justo medio.

Yo que he sido bastante descuidado de mi propia salud, aprendí una vez que debo cuidar la salud (¡sin exageraciones, claro!) no por mí, sino, como servicio a los demás. Mis alumnos, mis ejercitantes… me necesitan sano, para poder ayudarles bien.

Ayer estuve dando una charla a un grupo de jóvenes que parecía que no tenían columna vertebral: su cuerpo estaba como derrumbado, no se sostenían erguidos y, por tanto, daban la sensación de que no deseaban aprender nada. ¡Cuántas gracias doy al Creador por haberme enseñado –a través de mis padres y profesores- a dominar, desde muy pronto la desgana y la pereza con "pequeños esfuerzos!.

Yo soy religioso escolapios. Entré al Noviciado al acabar Bachiller. Cuando ingresé, ingenuo de mí, pensé que la Vida Religiosa me iba a **dar** esto, aquello y lo otro. Tras unos cuantos años en ella, comprendí que la V.R. me **pedía** que le diera lo que hasta entonces había alcanzado y mi vida entera. Entérate, ahora que tienes todavía tiempo: igual pasa con la fe: si buscas beneficios, no los encontrarás; pero si te entregas sin condiciones, alcanzarás mucho más de lo que hayas podido desear.

Esta otra lección que la vida (y en ella el Señor) me ha enseñado la valoro hoy día como la más importante, pero han tenido que pasar muchos años para entenderla y encariñarme con ella. Ahí va: *Mis peores enemigos no son los de fuera de mí (los otros), sino los interiores (egoísmo, rencor, soberbia, incomprensión, dureza de juicio…).* Con palabras más sencillas: mis peores enemigos son los pecados internos, esos que nadie ve, pero a mí me tienen todo el día en vigilia.

Perdona la longitud de este tema, pero ocurre que soy un poco mayor y la vida me ha enseñado muchas cosas importantes, que mis profesores no tuvieron el acierto de enseñarme, porque estaban preocupados de explicar sus materias: *Dejar a Dios ser Dios.* En esta lección ha tenido mucho que ver la figura de Pedro, desde que yo capté en el Evangelio que él pretendió, sin darse cuenta, **dominar** al Señor… hasta el punto que Jesús le tuvo que decir: *Apártate de mí Satanas, tú no piensas como Dios sino como los hombres.* Tanto me gustó darme cuenta de este "amor a lo humano" de Pedro hacia Jesús, que me vi muy retratado en él y escribí un librillo, para ayudar a quien lo leyera (*San Pedro: el libro de mis*

Confesiones, en editorialpaulinasve@gmail.com de Caracas; y *La Piedra de la Fe, en DidaCbook* Editorial.- Sagasta, 6.- 23400 Úbeda (Jaén).

Últimamente me han dado tres obediencias (tres traslados) que yo no podía soñar. Ellos me han enseñado lo bueno que es ser dócil y no rebelarte con lo que no depende de ti. De todos 'he salido mejorado'. ¡Prueba tú a ser dócil y verás sus beneficios.

He sido siempre muy aprovechador del tiempo, pero hace unos años aprendí que mejor que eso es todavía manifestar el amor en mi acción y no 'elevarme' pensando que amo a todos sin amar a ninguno. Lo cual me dice que perder tiempo con los amigos y en la atención a los otros... es ganarlo. ¡Pero cuánto me sigue costando ponerlo en práctica!

Esta otra lección la aprendí de mi P. Maestro de novicios: *No rezar de memoria, sino leyendo la oración para mejor atención.* Él lo justificaba diciendo que así lo hacía porque tenía mala memoria. Y se ve que me contagió el mensaje y la mala memoria, porque no me sé todavía hoy ni siquiera breves oraciones que he recitado más de cincuenta años diariamente.

Siempre he sido un rápido juzgador de los demás, hasta que aprendí que: *Quien piensa de modo contrario a mí puede tener la misma honradez y buena voluntad que tengo yo... y, a veces, más acierto que yo.* También me ayudaron a aprender esta lección los profesores sindicalistas que me reclamaban mejoras salariales o de otro tipo. De ellos aprendí que es lógico que el trabajador me pida mejoras: no debo tenerle como enemigo, sino dialogar con él.

Para la licenciatura de Teología tuve que preparar cien "tesis". ¿Podrás creerte que la única que recuerdo decía así: *Dios no me ama porque soy bueno, sino que puedo llegar a serlo si me dejo amar por Dios como soy ahora mismo?* Lo he contado en muchas charlas y catequesis, porque considero que es fundamental para vivir como cristiano.

Tengo un tono de voz que da la impresión de que estoy regañando. Sobre todo en América, que son más suaves que nosotros. Pues bien, por las caras de los oyentes y la corrección fraterna de alguno/a más valiente, me he dicho que puedo cambiar mi tono al hablar y las palabras que empleo (que sean expresiones positivas; dando por supuesto que ese otro tiene buena voluntad y yo le invito a mejorar, no a 'enseñarle'). Y puedo asegurarte que, desde entonces lo estoy intentado. ¿Te has observado tú cómo hablas y no sólo qué hablas? Pruébalo, que te hará mucho bien.

Convicción y al mismo tiempo flexibilidad en tus ideas te va a evitar muchas discusiones y malos ratos. Yo, que aparento ser muy "enteraíllo", como dicen en Granada, he tardado también mucho en aprender esta lección tan práctica. Desde entonces a los alumnos se lo explicaba así: podríamos ser (deberíamos ser) como las plantas, que tiene raíces, pero son 'flexibles": sin desprenderse de su raíz, que les da vida, se mueven buscando la luz y el sol (convicción y flexibilidad a un tiempo), porque saben que de ellos sacan beneficio. Añado: esto no significa que lo que piensan los otros lo voy a hacer mío, sin discernimiento, sino que es mejor que lo contrario ser *comprensivos, permisivos* sin exageración...

CAPº 16

MÁS LECCIONES DE LA VIDA

De los prefacios de la Eucaristía y de la Oración de Jesús en el huerto aprendí, ya no recuerdo cuándo, otras dos lecciones que procuro practicar desde entonces: Empiezo por la segunda: la petición a Dios, que es legítima, porque él mismo nos ha dicho *pedid y se os dará, llamad y se os abrirá, buscad y encontraréis,* no debería concluir nunca en la petición ni usar expresiones como: 'Dame, Señor… Haz, Señor que… la **petición** más bien debería empezar así: Ayúdame/nos, Señor, a…, porque —entiendo yo- que Dios no nos hace lo que nosotros podemos (y si podemos, debemos) hacer con las cualidades que él nos ha dado. Y todavía la otra enseñanza de Jesús en su oración en el huerto: es que, siempre, debe terminar como terminó él la suya: **pero no se haga mi voluntad sino la tuya,** para "dejar a Dios ser Dios", como hemos quedado más arriba.

¿Por qué me gusta la lección anterior mucho?: porque leí una vez que "Voluntad de Dios" significa el "bene-volere" de Dios sobre mí, es decir, su "buen querer". Si nuestro Dios es puro amor, que lo creo a pie juntillas, ¿cómo no voy a querer que se haga su voluntad, su "buen querer" sobre mí? Desde entonces, a veces le digo al Padre Bueno: "que nada ni nadie, ni yo mismo, impida que tu voluntad se haga sobre mí; ayúdame a acogerla activamente"

La salvación no se compra ni se gana, sólo se acepta y eso supone docilidad, humildad, confianza, abandono… actitudes que no son fáciles de vivir. No nos engañemos. Esta lección la aprendí junto a la siguiente: Mis 'buenas obras' no son las que yo proyecto, por nobles que éstas sean (recordemos la figura de S. Pedro y sus confesiones), sino las que 'Dios ha destinado que yo haga'. Las buenas obras **no son para ganarme**

el cielo: *estáis salvados por la gracia de Dios y mediante la fe. Y no se debe a vosotros, sino que es un don de Dios; y tampoco se debe a las obras, para que nadie pueda presumir:* (Ef 2, 8-9), sino para que yo note que Dios va tomando posesión de mí. Un manzano ha de dar manzanas, por ser eso, manzano, no para ser manzano.

Leyendo a Erick Fromm aprendí que la "libertad" no es fácil de vivir, por mucho que de boquilla hablemos de ella (*El miedo a la libertad*, de E. Fronm). Fue un aprendizaje experiencial, porque, como todo en la vida, *a ser libre se aprende siendo libre.* Yo quisiera dar un toque de atención a los posibles lectores jóvenes, aun a riesgo de que me llamen carca. Precisamente las palabras más sagradas —amor, libertad, patria…- son las más prostituidas. Y cuesta mucho convencer a quien tiene una falsa idea, y, consiguientemente, una falsa práctica de estos conceptos. Por ejemplo, hacer lo que me da la gana, lo que me gusta, lo que todos hacen, etc no es ser libre. La libertad es una disciplina y toda disciplina requiere un aprendizaje, está sujeta a unas reglas y supone, muchas veces, llevar la contra a mis ganas, mis gustos, y hacer lo que todos hacen. Precisamente E. Fromm me enseñó esto con la lectura de su libro *El arte de amar.*

Más cosas me ha enseñado mi larga vida como educador: *"No dejes para mañana lo que puedas hacer hoy".* Por muchas razones, entre las cuales están: porque puedes olvidarte y quedar mal. Porque así no podrás hacer todo lo que tenías pensado o marcado para el día siguiente… y porque el ejercicio repetido engendra el hábito y vas a coger la costumbre de dejar para mañana cosas que sólo hoy podrías hacer…

Otro libro, de un jesuita, creo recordar, me enseñó que tengo que dejar el Jesús que me explicaron cuando yo era niños e ir al Jesús de la Cruz. A los alumnos se lo decía yo con este ejemplo gráfico: no quieras ponerte el traje de 1ª Comunión teniendo ya 20 años, porque no te servirá. Y si creces en todos los otros planos de tu vida, debes crecer también en la fe, so pena de que la abandones por creer que es cosa de niños.

Esta otra lección es de un psicólogo y a lo mejor te cuesta creerla. Decía ese señor y están concordes todos los del gremio, que aceptar lo que nos viene impuesto por la vida o el 'superior' es más madurante que nuestras propias decisiones. Fijémonos que las grandes 'cosas' de la vida nos han venido sin escogerlas: nacer, los padres, los hermanos y familiares, los compañeros de estudio o trabajo, el clima, la temperatura, la fe de pequeñitos...

Teniendo yo 17 años leí un folleto del Mundo Mejor, en el Noviciado, que creo recordar que se titulaba *La ascética del "sí"*, que substancialmente me enseñó a no negarme de entrada a lo que se me pide, sino 'cuadrar el círculo' para que sea posible el 'sí'. Unas veces nos negamos a lo que nos piden por comodidad, otras veces porque creemos que no lo vamos a hacer bien y nos gusta quedar "chupi", otras porque no nos cae bien quien nos pide el servicio o él se negó a lo que nosotros le pedimos en otra ocasión... Yo aprendí, y te lo recomiendo ahora a ti, que siempre que te pidan algo, digas "sí". Cuando hacemos un servicio comprobarás que el primer beneficiado somos nosotros mismos y, en más de una ocasión verás que lo que te creías no saber hacer, lo has hecho... y bien.

En la misma línea del anterior aprendizaje está este otro, que capté en el noviciado: *Haz lo que tengas que hacer, sin dejar de hacerlo porque piensas que te puede dar orgullo o soberbia...*, que no son cosas que sólo deben evitar los novicios, sino toda persona, creyente o no creyente.

Yo soy un forofo de la Palabra de Dios: Esta cita es de la 2ª Carta de Pablo a su colaborador Timoteo: *Verdadera es la sentencia que dice (tres cosas) 1) si tenemos constancia en el sufrir, reinaremos también con Cristo Jesús. 2) Si rehusamos conocerle, también él nos rechazará; 3) si le somos infieles, él permanece fiel, pues no puede desmentirse a sí mismo* (2ª Tim 2, 11-13). Pero los que rezamos la Liturgia de las Horas (el Oficio Divino se decía antes) nos la encontramos en los Laudes de la IV semana. Tres lecciones en una: valor de la constancia en el sufrimiento (y en todo), Si rehúso conocer a Jesús, él no me va a obligar, pero me pierdo todo lo que está dispuesto a darme, aquí en la tierra y después en eso que llamamos eternidad, seamos conscientes. Y lo que más me emociona, me hace disfrutar y me da alegría de la buena: *"Él, mi Dios, nuestro Dios, permanece fiel, pues no puede desmentirse a él mismo"*.

Ya. Esta es la última lección que te cuento. En concreto de los muchos partidos de fútbol que he visto. (te confieso que soy, desde que tengo uso de razón, "un pupa", del Atlético de Madrid, cuando todavía se llamaba "Atlético de Aviación".) Muchas veces he pretendido enseñarla a mis amigos valiéndome del fútbol. Sin ir más lejos ayer Francia nos empató en el último minuto en el Calderón. Un partido de fútbol o de otro deporte cualquiera no está acabado hasta que el árbitro señala el final. De ahí que se debe sujetar la euforia, para no sufrir después decepción. ¿Y es que toda vida no es una partida, con sus altos y bajos... y un final, que no puede arreglarse en el partido de vuelta?

CAPº 17

CONOCEMOS TRES VENIDAS DEL SEÑOR

Además de la primera y de la última, hay una venida intermedia. Aquéllas son visibles, pero ésta no. En la primera el Señor se manifestó en la tierra y vivió entre los hombres, cuando –cómo él mismo dice- lo vieron y lo odiaron. En la última *contemplarán todos la salvación que Dios nos envía y mirarán a quien traspasaron.*

La venida intermedia es oculta, sólo la ven los que se han abierto voluntariamente al don de la Fe y a su ejercicio, y gracias a ella reciben la salvación. Los que poseen ese cristal de aumento, que es la fe, según les decía yo a mis muchachos, que nos permite captar lo que nuestros simples ojos no alcanzan a ver. En la primera el Señor vino revestido de la debilidad de la carne; en esta venida intermedia viene espiritualmente, manifestando la fuerza de su gracia; en la última vendrá en el esplendor de su gloria.

Esta venida intermedia es como un camino que conduce de la primera a la última. En la primera Cristo fue nuestra redención; en la última se manifestará como nuestra vida; en esta venida intermedia es como nuestra fuerza, nuestro descanso y nuestro consuelo… Escucha al mismo Señor: *El que me ama guardará mi palabra; mi Padre lo amará y vendremos a fijar en él nuestra morada…"*.

CAPº 18

PALABRAS DURAS, DE DIOS Y SANTOS PADRES

Es una trampa que nos hacemos a nosotros mismos cuando "espurgamos" la Palabra de Dios y nos quedamos sólo con lo suave o sólo con lo duro. Porque en la Palabra hay, como en la vida misma, de todo: gozo y sufrimiento, suavidad y dureza... y todo es Palabra de Dios.

¿Quiénes son los Santos Padres?: los escritores cristianos de los cinco primeros siglos de la Iglesia. La liturgia, en el Oficio de Lecturas, presenta diariamente una Palabra de Dios y suele incluir un comentario de un Santo Padre.

Para que veas un ejemplo te transcribo uno de los días, "adaptados" por mí:

Las dos lecturas son muy interesantes: Is 47, 1.3b-15; "Escucha esto lasciva/o que te sentías segura/o en tu maldad, que reinabas (vivías) confiada/o, que te decías: "yo y nadie más"... seré señora/señor por siempre jamás...

Tú te sentías segura/o en tu maldad diciéndote: "Nadie me ve"; tu sabiduría y tu ciencia te han trastornado, mientras pensabas: "Yo, y nadie más". Pues vendrá sobre ti una desgracia que no sabrás conjurar (...) Insiste en tus sortilegios, en tus muchas brujerías, que han sido tu tarea desde joven (aquí ponga cada uno sus propios ídolos).

Te has cansado con tus muchos consejeros: ¡que se levanten y te salven los que conjuran el cielo, los que observan las estrellas, los que pronostican cada mes lo que va a suceder. Mira, se han convertido en paja que el fuego consume...no son brasas para calentarse, ni hogar para sentarse enfrente... cada uno se pierde por su lado, y no hay quien te salve".

Y S. Ireneo: "La gloria del hombre es Dios (creo que tiene otra frase así: El hombre es la gloria de Dios). El beneficiario de la actividad de Dios, de toda su sabiduría y poder, es el hombre. Y de la misma forma que la habilidad del médico se manifiesta en los enfermos, así (la de) Dios se manifiesta en los hombres...

El hombre que, **sin orgullo ni presunción**, piensa rectamente de la verdadera gloria de las creaturas y de la de aquel que las creó −es decir, de Dios todopoderoso que da a todos el ser- **y permanece en el amor, en la sumisión y en la acción de gracias a Dios** recibirá de él una gran gloria y <u>crecerá en ella en la medida en que se asemeje al que por él murió.</u>

El Hijo de Dios *se sometió a una existencia semejante a la de la carne de pecado* para condenar el pecado...Asumió la carne para incitar al hombre a hacerse semejante a él y para proponerle a Dios como ejemplo a quien imitar. Le impuso la obediencia al Padre, para que llegara a ver a Dios dándole así el poder de alcanzar al Padre... Era el mismo Señor quien salvaba a los que por sí mismos no podían alcanzar la salvación; por eso Pablo proclama la debilidad del hombre, diciendo... *¡Desdichado de mí! ¿Quién me librará de este cuerpo de muerte?...*

También Isaías dice lo mismo: ...*Sed fuertes, no temáis...* Esto lo dice para significar que (sólo) por nosotros mismos no podemos alcanzar la salvación, sino que ésta es consecuencia de la ayuda de Dios (y nuestra colaboración). ¡Ojo! Cuesta más y madura más, aceptar lo que nos viene impuesto que el elegir nosotros, como hemos visto más arriba.

Juan Pablo II, al comenzar su pontificado, gritó: *"No tengáis miedo a la verdad, no tengáis miedo a abrir de par en par las puertas a Cristo".* Así grita también Isaías. Su palabra profética está tomada de una fuerza divina que reanima los corazones de los cautivos. Los decaídos, los cuerpos mutilados, el ciego, sordo, cojo, mudo, y la desesperanza de los "cobardes de corazón", son atravesados por una fuerza contagiosa de esperanza y transformación. Este poder sanante aparece manifiestamente en el evangelio.

CAP⁰ 19

PODER OMNIPOTENTE DEL AMOR

Habría que explicar bien qué queremos decir cuando afirmamos que Dios es Omni-potente, omni-sciente, impasible, para evitar malas interpretaciones y deformaciones en la fe… ¿Impasible?: Si una madre/padre sufre cuando se ve impotente de ayudar a su hijo, o éste no se deja ayudar, ¿no va a sufrir Dios?… Dios se ha autolimitado al hacer la creación autónoma (Vaticano II). Lo puede todo ¿pero sólo 'rompe' las leyes para hacer un milagro. p.ej. la Concepción de Jesús… Lo sabe todo: Pero no es que su saber por adelantado si me voy a salvar o condenar influya en mi actuación (como ocurre en la película que yo veo por 2ª vez: ya sé cómo va a terminar, pero no porque yo lo sé termina así, sino al revés ¡qué lio, ¿no?)…

Una buena madre/padre no concede al hijo la petición que sabe que le va a hacer daño, aunque el niño llore, ¡y nosotros somos niños toda la vida! Y también le concede multitud de cosas que NO le ha pedido porque sabe que le vienen bien…. Ese pequeño no sabe el daño que se puede causar si se le concediera lo que pide, la mamá sí lo sabe. También la mamá/papá castiga al hijo, le corrige, para ayudarle a madurar, para educarlo. ¿Cabría pensar así de Dios? Lo que sí está claro es que debemos cuidar mucho el lenguaje que usamos para hablar a los pequeños (y mayores) de Dios.

S. Atanasio dice: Todo, en definitiva, vive y se mantiene por donación suya (del Verbo) … y por Él compone una armonía admirable y verdaderamente divina. Tratemos de explicar esta verdad tan profunda por medio de una imagen: pongamos el ejemplo de un coro numeroso.

En un coro compuesto de variedad de personas, de niños, mujeres, hombres maduros y adolescentes, cada uno, bajo la batuta del director, canta según su naturaleza y sus facultades: el hombre con voz de hombre, el niño con voz de niño, la mujer con voz de mujer, el adolescente con voz de adolescente, y sin embargo de todo el conjunto resulta una armonía.

Otro ejemplo: nuestra alma pone simultáneamente en movimiento todos nuestros sentidos, cada uno según su actividad específica, y así, en presencia de algún estímulo exterior, todos a la vez se ponen en movimiento: el ojo ve, el oído oye…"

En Rom 3, 3-9 leemos: "Si algún judío fuera infiel ¿frustrará por ventura su infidelidad la fidelidad de Dios? ¡De ningún modo!. Dios tiene que ser veraz… Pero si nuestra injusticia realza la justicia de Dios, ¿qué diremos? ¿Será acaso injusto Dios al descargar su cólera? (Hablo en términos humanos) ¡De ningún modo!".

Y en 1ª Samuel 8, 4-5.19-20: los ancianos dijeron a Samuel: "Danos, pues, un rey para que nos gobierne, **como sucede en todos los pueblos**… El pueblo no quiso escuchar a Samuel y dijo: ¡No! Tendremos un rey **y nosotros seremos también como los demás pueblos…".** Palabras que retratan nuestra tentación de ser como los demás, y rechazar el reinado de Dios, que es lo que verdaderamente nos hace libre.

CAPº 20

LA FE FUNCIONA COMO LOS MÚSCULOS

Jn 3, 7-15, (conversación de Jesús con Nicodemo) me ha confirmado en la idea que me ronda hace tiempo: que la fe funciona como todo el resto de la vida del hombre y si fuéramos más lógicos, tanto como presumimos de nuestro intelecto, avanzaríamos mucho en la fe y no echaríamos tantos balones fuera: *¿Tú eres maestro de Israel y no sabes esto?* (que cuando me habla uno que sabe de qué habla, debo fiarme de él)... *Si no creen cuando les hablo de las cosas de la tierra ¿cómo creerán si les hablo de las celestiales?* Si soy un permanente desconfiado, mal pensado en las cosas de la tierra, si no tengo confianza en mí mismo ¿cómo me voy a fiar de Dios?.

Este texto me trae a la memoria el otro: *Cuando saben que llega la primavera por los brotes de los árboles ¿cómo no usan esa 'sabiduría' para las cosas de Dios?...* Voy viendo que todas las 'cosas' de la fe tienen confirmación en las 'cosas de la vida'; y viceversa.

De ahí lo importantísimo de:

1) ser observador profundo del funcionamiento de la vida, el estómago, los músculos, el saber, la memoria...

2) usar los métodos 'profanos' para los problemas de la fe. ¿Cómo voy a quitarme un vicio si sólo hago lamentarme de él? Hasta que no descubra su raíz y la arranque, no acabaré con el vicio ¿Cómo voy a adquirir una nueva actitud, si sólo tengo un "deseo" (un querer que no es querer) y no empiezo a hacer ejercicios con constancia "como si ya tuviera tal actitud"? Así decía Marañón, un médico y escritor excelente, que podíamos recuperar la vocación perdida: volviendo a ejercerla

"como si nos gustara igual que los primeros años". Y este "como si" terminaría siendo "sí" a secas. Si, por el contrario, porque hemos perdido el gusto la abandonamos...

Al que tiene la firme decisión de llegar a término, ningún obstáculo del camino puede frenarle en su propósito.

No nos dejemos seducir por la prosperidad, ya que sería un caminante insensato el que, contemplando la amenidad del paisaje, se olvidara del término de su camino".

Esto se puede aplicar a la Resurrección, que comienza aquí en la tierra, pero no concluye aquí. Y esto me ha hecho pensar mucho en esas palabras de Jesús, que hoy traducen algunos así: *"Yo soy el camino **para** la Verdad y la Vida"*, con mayúscula y minúscula.

Creo que nos falta saber hacer ver que seguir a Dios no me quita nada de lo bueno y auténtico, de mi personalidad, sino, al contrario, me facilita hacerme persona verdadera. ¿Cómo hacerlo ver en el análisis de cada mandamiento de Dios y de la Iglesia? Todo pecado tiene siempre consecuencias negativas para el pecador y los otros ¿cómo va a ser igual vivir peleado con mi vecino que vivir en paz y amor? ¿Cómo va a ser igual vivir correctamente el sexo que venderlo o traicionar al cónyuge? ¡Qué engaños sufrimos!

S. Basilio Magno, hablando del Bautismo dice estas dos cosas:

1) "El Bautismo tiene una doble finalidad: la destrucción del cuerpo de pecado, para que no fructifiquemos ya más para la muerte; y la vida en el Espíritu, que tiene por fruto la santificación. Por esto el agua del Bautismo al recibir nuestro cuerpo como en un sepulcro, suscita la imagen de la muerte; el Espíritu, en cambio, nos infunde una fuerza vital y renueva nuestras almas, pasándolas de la muerte del pecado a la vida original..." 2) "Y para prepararnos a esa nueva vida, que es fruto de su resurrección, es por lo que el Señor nos propone toda la doctrina evangélica: *que no nos dejemos llevar por la ira; que soportemos los males; que no vivamos sojuzgados por la afición a los placeres; que nos libremos de la preocupación del dinero*; todo esto nos lo sugiere para inducirnos a practicar aquellas cosas que son connaturales a esa nueva vida". Te invito,

lector a un ejercicio interesante: buscar todas las veces que en la Biblia se nos recomiendan actitudes o actos concretos más allá de los llamados "mandamientos".

P. ej: **Lc 6,36-38**: *Sed compasivos... No juzguéis...no condenéis... perdonad... dad... con la medida con que midáis...* **Mc 6, 27-38**: *"amad a vuestros enemigos... haced bien a los que os odian...bendecid a los que os maldicen...rogad por los que os difamen...Al que te hiera en una mejilla... al que te quite el manto... a todo el que te pida, da... y lo que queréis que os hagan, hacédselo vosotros... amad a vuestros enemigos, haced el bien y prestad... sed compasivos... no juzguéis, no condenéis... perdonad... dad...".* **Mt 5, 20-48**: *Habéis oído que se dijo...* Seis veces se repite esta frase con texto distinto. **Rom 10, 1-13:** *... Si confiesas Con tu boca que Jesús es Señor...".* ... **Ef 4, 17 a 6, 19:**.. *despojaos del hombre viejo...*

También en el **Ev Jn 10, 1-10** sale lo del *Buen Pastor que entra por la puerta...* podrán entrar y salir. En la Biblia de Jerusalén no aparece la palabra "puerta" en su índice, pero a mí me ha traído a la memoria Ap.: *Estoy a tu puerta y llamo, si me abres...* Y el "podrá entrar y salir", me ha hecho recordar al Padre del hijo pródigo. Entrar por la puerta es, en contraposición del mal pastor, no violar la voluntad del creyente, no imponerse, sino sugerirse. Y cuando Jesús dice *Yo soy la puerta, quien entre por mí se salvará* es aquello de *'el Padre y yo somos una misma cosa', 'nadie ha visto al Padre sino el hijo'... El ladrón* (el mal pastor) *viene a robar* (aprovecharse de la oveja) *Yo he venido para que tengan vida y la tengan en abundancia"*

CAPº 21

EL ESPÍRITU SANTO MERECE MEJOR TRATO

El Espíritu Santo pareciera el gran olvidado en la vida de muchos cristianos. Hasta la Liturgia da la impresión, a veces, de otorgar poca importancia al Espíritu, de acuerdo con estos datos cuantitativos:

En el Gloria de la misa se dedican tres líneas al Padre, cinco al Hijo, y al Espíritu Santo solamente: *"con el E.S. en la gloria de Dios Padre"*.

En el Credo de los Apóstoles: una línea al Padre, seis al Hijo, y al E.S. sólo *"fue concebido por obra y gracia del E.S.- y- creo en el E.S."*. Sólo en el Credo niceno es donde se habla más del E.S.: *"por obra del E.S. se encarnó... "creo en el E.S., Señor y dador de vida, que procede del Padre y del Hijo, que con el Padre y el Hijo recibe una misma adoración y gloria y que habló por los profetas"*.

En la conclusión de las Oraciones Colecta, siempre decimos *"...en la unidad del E.S."*.

Al santiguarnos, persignarnos y bendecir simplemente se le nombra.

En el Te Deum, al Padre se le dedican 20 líneas. Al Hijo, 32. Y al Espíritu Santo medio renglón.

Además, ¿te has fijado que al Padre y al Hijo le damos indistintamente el tratamiento de "Señor", pero nunca al E.S.?

Me vas a permitir que te transcriba ahora mi diario del día de Pentecostés. Pero te aviso que para entender mejor las notas que escribí, deberías tener delante de los ojos los textos íntegros de esta solemnidad. Y perdona la extensión.

"Ayer celebré dos veces la liturgia de Pentecostés (la fiesta de la venida del Espíritu Santo) y hoy otras dos. Se me han ocurrido estas cosas:

1) He comparado la Trinidad con uno de nosotros que ejerce tres 'oficios': padre, esposo y profesional. En cada uno de estos tres trabajos es la misma y entera persona. La adjudicación de las tres tareas – creación, redención y guía- a cada persona de la Trinidad viene a ser una cosa así, porque en las tres actúa el único Dios.

2) La frase *"Nadie puede llamar a Jesús "Señor", si no es bajo la acción del E.S.* la he explicado con la necesidad de conjuntar la acción de Dios con la del creyente (como el matrimonio para procrear un fruto, un hijo), como el alimento y yo: no me sirve, si no lo guiso y lo como; igual pasa con la luz, me permite andar seguro, pero ella no da los pasos por mí… Imposible sin el E.S, pero también imposible sin poner yo mi parte (la mujer sola no se embaraza; el hombre solo no embaraza).

3) He remarcado lo que dice la Colecta: a) concede al mundo entero los dones del E.S.; y a tus fieles "continúa realizando la unidad y el amor de la primitiva Iglesia". ¡Qué bonito que el E.S. no se limite a sus fieles, lo cual nos obliga a abrir nuestro corazón y agrandarlo a todos los hombres!

4) Las tres palabras que usa Pablo: dones, servicios y acciones están en cadena: el don lleva al servicio y el servicio se realiza en acciones.

5) En cada uno se manifiesta el E.S. para el bien común: los dones no son para provecho propio, (como el médico no se cura a sí mismo, sino a los enfermos), sino de la comunidad.

6) ¿Cómo conocer qué dones tengo - porque todos tenemos- si no probamos? ¿Cómo sé si sirvo para el béisbol, si no pruebo y me pongo en manos de un técnico? Tu familia y tu grupo te conocen a veces mejor que tú a ti mismo y ellos te van marcando tu don.

7) El E.S. es como petróleo, está oculto por la tierra, pero está; necesito hacer yo el hoyo para sacarlo a la luz y convertirlo en dólares (si he olvidado que tengo en casa o en un pantalón dinero, vivo como si no lo tuviera). Si no tomo conciencia de que me habita el E.S. -la fuerza de lo alto- no puedo usarla, vivo como un debilucho.

8) La mejor oración al Espíritu es decirle: "toma tú las riendas de mi coche, porque yo no sé conducir y me desvío". Él no lo va a hacer si yo no le doy el permiso: Dios no me violenta, se sugiere, se ofrece.

9) "A todos se nos da de beber del mismo Espíritu", pero no todos queremos beber (¡el riesgo de la libertad!). A todos se nos invita a comer el Cuerpo y beber la Sangre de Jesús, pero no todos comemos; unos porque nos enfrentamos a Dios, renegamos, no creemos...) y otros por pereza (lo vamos dejando de un día para otro y nos morimos sin haber hecho lo que nos toca para poder comerlo (concubinos... ladrones que no piden perdón...); otros incluso por sentirse indignos o por creer que su pecado es tan grande que "no tiene perdón de Dios". ¡Claro que somos indignos, pero hemos de dejar que Dios nos ame, porque él no me ama porque soy digno, sino al revés: dejándome amar es como puedo llegar a ser menos indigno alguna vez; en el fondo es que no soy humilde y no acepto la realidad, el plan de Dios, al cual antepongo mi modo de concebir la realidad.

10) En la **Secuencia** me ha llamado la atención ese *"Doblega nuestra soberbia, calienta nuestra frialdad, endereza nuestras sendas"* (a veces me alejo porque me desvío, me despisto: me salgo de la vía o de la pista: *"El que quiera ser mi discípulo que cargue con su cruz y me siga... Yo soy el Camino..."*. Y el hecho de que tres veces se le llama al Espíritu "luz" al tiempo que se le pide que penetre 'hasta el fondo del alma con esa luz.

11) ¡Que hermosa es la última oración!: *"Tú que nos concedes participar de la vida divina por medio de tus sacramentos* (los más usuales son el perdón y la eucaristía), *conserva en nosotros el DON* (regalo) *de tu amor y la presencia viva* (si no está viva no sirve pa'na') *para que esta eucaristía nos ayude a obtener* (con nuestro esfuerzo) *la salvación eterna* (que tú ya nos tienes preparada).

12) Y la Oración sobre las ofrendas es también maravillosa: *"Que el E.S. nos haga comprender mejor, según la promesa de tu Hijo* ("Él os enseñará

todo lo que yo os he dicho") *el misterio* (palabra que significa un hecho, no una idea) *de este sacrificio* (eucarístico que estamos celebrando) *−y-* *toda la profundidad del Evangelio"* (como el petróleo, que hay que sacarlo a superficie). No es frecuente este tipo de oración sobre las ofrendas.

13) Parece claro que **la 1ª lectura** habla de la venida del Espíritu sobre los apóstoles y una multitud, diez días después de haber ascendido; y explica el 'don de lenguas' de dos modos distintos: a) *"los apóstoles empezaron a hablar en otras lenguas"* y más abajo dice: *"¿No son galileos todos? ¿Cómo los oíamos hablar en nuestra lengua nativa…Siendo nosotros de lenguas diversas… cada cual les oye hablar de las maravillas de Dios en su propia lengua"*. **El Evangelio** habla de una venida el primer día de resucitado sólo sobre los Apóstoles. La antífona de entrada dice "El Espíritu se hace comprender en todas las lenguas".

En el **Prefacio** se dice que el Espíritu Santo:

a) ha sido enviado "para llevar a plenitud el **misterio** pascual".

> (La palabra "misterio" en la liturgia no significa como en el lenguaje normal 'algo inexplicable, que hemos de aceptar sin entenderlo, sino "un hecho histórico, sucedido, real, que Jesús ha protagonizado, y de tal hecho arranca fuerza salvadora para los que creen en él")

b) "este Espíritu fue el que al nacer la Iglesia reveló a todos los pueblos el misterio (hecho) de Dios";

c) y *"unió la diversidad de las lenguas en la confesión de una misma fe"*. En **el salmo**, me encanta el versículo "Si retiras tu aliento, toda creatura muere y vuelve al polvo; pero envías tu espíritu (aliento), que da vida, y renuevas el aspecto de la tierra" (como hace también el agua; 'muerto está el que no respira'; por eso al insuflar aliento al muñeco de barro, empezó a vivir).

CAPº 22

ME SIGUE PREOCUPANDO, SI DIOS NOS PRUEBA O NO

Me sigue preocupando el tema de si Dios 'nos prueba' y si 'Dios nos hiere', que dicen las Escrituras: *Recordad que Dios ha querido **probarnos** como a nuestros padres. Recordad lo que hizo con Abraham, las pruebas por las cuales hizo pasar a Isaac, lo que aconteció a Jacob. <u>Como</u> les puso a ellos en el crisol para sondear sus corazones, <u>así</u> el Señor **nos hiere** a nosotros, los que nos acercamos a él, no para castigarnos sino para amonestarnos* (Jdt 8, 25-27). En otras biblias la numeración es 21b-23.

La Biblia de Jerusalén:

a) remite a Gen 22, 1-19; 28,5 y 29, 22-30 y el capº 31; además de a Dt 4,7;

b) dice en su nota al 8,25: "Lección de la historia patriarcal (que el autor de Job no había deducido): la desgracia del justo no es un castigo, sino una prueba".

¿Cómo entender este protagonismo director de Dios? Creo que esto tiene relación con la idea de que Dios lo puede todo. Pero ¿no olvidamos que ha hecho al hombre libre y al mundo autónomo? Posteriormente el hombre ha caído y ha quedado inclinado al mal. Recuerdo aquello que se decía en filosofía: Dios no puede hacer un círculo cuadrado, porque ontológicamente es imposible.

¿Son los problemas de la vida los que nos ponen a prueba y no Dios? Con estas preguntas, rozamos todo el problema de "los castigos", que unas veces son venganza y otras "medidas para nuestra corrección

51

(mejora)". Y rozamos aquello de que "Dios permite, pero no quiere el mal". Las palabras de Jairo del Agua que achaca la Cruz no a la voluntad del Padre, sino a la maldad de los hombres pueden iluminar... Y lo del Dios 'inmanente' de Lenaers también puede iluminar. Según este autor, Dios no está en otro mundo desde el que incursiona al nuestro para actuar...

Es interesante, creo, tomar el libro de Judit **8, 9–24**: *Oyó, pues, Judit las amargas palabras que el pueblo había dicho contra el jefe de la ciudad, pues habían perdido el ánimo ante la escasez de agua... Jefes... no están bien las palabras que habéis pronunciado... ¿quiénes sois vosotros para permitiros poner a Dios a prueba y suplantar a Dios entre los hombres?... Nunca llegaréis a sondear el fondo del corazón humano... ¿cómo vais a escrutar a Dios que hizo todas las cosas...?... Si no quiere socorrernos en el plazo de cinco días, tiene poder para protegernos en cualquier otro momento...Pero vosotros no exijáis garantías a los designios del Señor...porque a Dios no se le marca... una línea de conducta. Pidámosle más bien que nos socorra, mientras esperamos confiadamente que nos salve. Y él escuchará nuestra súplica, si le place hacerlo... Nosotros no conocemos otro Dios que él, y en esto estriba nuestra esperanza de que no nos mirará con desdén. Porque si de hecho se apoderan de nosotros... nuestra esclavitud no concluiría en benevolencia, sino que el Señor nuestro Dios la convertiría en deshonra...".*

Entre las citas paralelas que marca la Biblia de Jerusalén están: **Sal 78 (77), 56–72**: *Pero ellos le tentaron, se rebelaron contra el Dios Altísimo... Dios lo oyó y se enfureció... El fuego devoró a sus jóvenes...* **Sal 106 (105), 13–27**: *Pero pronto se olvidaron de sus obras, no tuvieron en cuenta su consejo...hablaba ya (Dios) de exterminarlos, si no es porque Moisés, su elegido, se mantuvo en la brecha en su presencia, para apartar su furor de destruirlos.* **Ez 16, 15–58**: *Pero tú te pagaste de tu belleza, te aprovechaste de tu fama para prostituirte... Entonces yo levanté mi mano. Disminuí tu razón... desahogaré mi furor en ti... carga con tus ignominias... Tú misma soportas las consecuencias de tu infamia...* **Jer 14, 7**: *Aunque nuestras culpas atentan contra nosotros, Yahveh, obra por amor de tu nombre.*

CAPº 23

HAY TRES COSAS A SUPERAR Y TRES QUE DISTINGUEN AL CRISTIANO

2º Rey, 11, 1-9 y 18,20; y Mt 6, 19-23) nos expresan tres **tentaciones** que hemos de superar todos, aunque no lo parezcan:

1) El poder político (todo poder), porque corrompe;

2) atesorar tesoros. No sólo entiendo por "tesoros" el dinero, sino también 'mi tiempo', mis conocimientos, mis…, y no debo atesorar nada de nada porque todo lo almacenado se apolilla y no sirve ni para mí ni para mis prójimos;

3) y mantener el ojo sin dominar, porque no sólo me hace desear el sexo (mujeres, varones, niños, adulterios, pedofilia…) sino la riqueza… y me produce envidia, orgullo…y muchos males más; incluso me hace desear una casa o un coche, superior a lo que tengo, que no me permite vivir tranquilo y disfrutar lo que poseo. Lo que se dice de los tesoros, "donde está el tesoro está tu corazón", también se puede decir del ojo, en un doble sentido: busca lo que el corazón apetece, pero también hace que el corazón apetezca aquello en lo que me detengo. Por otra parte, está el tema de "la mirada de Jesús y mirada nuestra hacia él".

Santiago pone en guardia, además, sobre **la lengua**, otra tentación: (Sant 3, 1-12).

"Hay otras tres cosas que manifiestan y distinguen la vida del cristiano: la acción, la manera de hablar y el pensamiento. De ellas, ocupa el primer lugar **el pensamiento, el deseo**; pero recordemos que para el lenguaje bíblico, pensamos y deseamos con el corazón, no con la cabeza. Viene en segundo lugar **las palabras**: lo que digo y la manera como lo digo, que descubre y expresa con palabras y gestos el interior de nuestro corazón. De hecho, la Biblia lo dice así: *De la abundancia del corazón habla la lengua.* En este orden de cosas, al pensamiento y a la palabra sigue **la acción**, con la cual se pone por obra lo que antes se ha pensado y verbalizado.

Siempre, pues, que nos sintamos impulsados a pensar, hablar u obrar debemos procurar que todos nuestros pensamientos, palabras y obras tiendan a conformarse con la norma divina del conocimiento de Cristo, de manera que no pensemos, digamos, ni hagamos cosa alguna que se aparte de esta regla suprema.

Todo aquel que tiene el honor de llevar el nombre de Cristo debe necesariamente examinar con diligencia sus pensamientos, palabras y obras, y ver si tienden hacia Cristo o se apartan de él. Este discernimiento puede hacerse de muchas maneras. P. ej. toda obra, pensamiento o palabra que vayan mezclados con alguna perturbación no están, de ningún modo, de acuerdo con Cristo, sino que llevan la impronta del adversario… Por el contrario, todo aquello que está limpio y libre de toda turbia afección tiene por objeto al autor y príncipe de la tranquilidad, que es Cristo" (S. Gregorio de Nisa).

Si a estos tres puntos añadimos las **omisiones**, tenemos el "*Yo confieso… que he pecado mucho de pensamiento, palabra, obra y omisión…*" Y si recordamos que *de la abundancia del corazón habla la lengua,* ya hemos descubierto cuál es el motor de la persona −el corazón- tantas veces descuidado en nuestro día a día.

CAP° 24

LO QUE UNO SIEMBRE, ESO COSECHARÁ

Un día escribí en mi diario: "ante textos como los que voy a copiar, quedo siempre anonadado. Y me pregunto ¿cómo es posible que, siendo el ser humano tan inteligente y estando la Palabra de Dios tan clara no le hagamos caso? En tales momentos sólo sé recurrir a Pablo: *A veces veo el bien, quiero hacerlo y no puedo; veo el mal, no quiero hacerlo y termino cayendo.* Y concluyo alabando a Dios por su inmensa paciencia y comprensión. Pero noto que esta reacción no me empuja a fallarle cada vez más, sino todo lo contrario. ¡Qué grande eres, Padre bueno!".

"El que siembre en su carne, de la carne cosechará corrupción; el que siembre en el Espíritu, del Espíritu cosechará vida eterna" (Gál 6,8). "Hermanos: habéis sido llamados a la libertad; sólo que no toméis de esa libertad pretexto para **la carne, antes al contrario servíos por amor los unos a los otros**; pues toda la Ley alcanza su plenitud en este solo precepto: *amarás a tu prójimo como a ti mismo.* Pero si os mordéis y os devoráis *mutuamente* ¡mirad no vayáis mutuamente a destruiros!

Los exhorto, pues, a que vivan de acuerdo con las exigencias del Espíritu; así no daréis satisfacción a las apetencias de la carne (no se dejarán arrastrar por el desorden egoísta del hombre). Este desorden está en contra del Espíritu de Dios, y el Espíritu está en contra de ese desorden. Y esta oposición es tan radical, que les impide a Udes hacer lo que querrían hacer. *Pero si los guía el Espíritu, ya no están ustedes bajo el dominio de la ley.* Ahora bien, las obras de la carne son conocidas (…) quienes hacen tales cosas no heredarán el Reino de Dios. En cambio, el fruto del Espíritu es amor…" (Gál 5, 1.13-18).

55

Pablo tiene otro texto en el que dice que si crecemos en el hombre carnal, cada vez entenderemos menos al Espíritu; mientras que si crecemos en el hombre espiritual, cada vez lo comprenderemos mejor. Ver también Ef 4, 14 a 6, 20.

En Mt 8, 28-34 me llama la atención el diálogo de los demonios con Jesús; la condescendencia de éste dejándoles 'entrar en los cerdos'; y las últimas palabras: "al ver el pueblo a Jesús, le suplicaron que se fuera de su territorio". ¡Qué malo es tomarle miedo a Dios!

Concluyo el tema con estas palabras del Responsorio de la 2ª lectura del miércoles XIII T.O.: "Recibiremos tanto más cuanto más fielmente creamos, más firmemente esperemos, más ardientemente deseemos. Con frecuencia la oración se expresa mejor con gemidos que con palabras, más con el llanto que con los labios".

CAP° 25

¿A QUÉ NOS ENVÍA EL SEÑOR?

En **Lc 10,1** Jesús envía a los 72 discípulos (hoy, a todo bautizado); en el **10,9 leemos**: "curad los enfermos que haya en la casa y decidles: 'el reino de Dios está cerca de vosotros"; en **10,19:** "Mirad, os he dado el poder de pisar sobre serpientes y escorpiones, y sobre todo poder del enemigo, y nada os podrá hacer daño; pero no os alegréis de que…".

Y en **Mt 10,1.7-15**: "Llamando a sus doce discípulos les dio poder sobre los espíritus inmundos para expulsarlos, y para curar toda enfermedad y toda dolencia (…) Id proclamando que el Reino de los cielos está cerca. Curad enfermos, resucitad muertos, purificad leprosos, expulsad demonios. Gratis…". En **Mc 3, 14b-15:** "… para enviarlos a predicar con poder de expulsar los demonios"; y en **6,7**: "llamó a los Doce y comenzó a enviarlos de dos en dos, dándoles poder sobre los espíritus inmundos… Y yéndose de allí, predicaron que se convirtieran; expulsaban a muchos demonios, los ungían con aceite a muchos enfermos y los curaban". También aparecen en varios evangelistas las **condiciones para el camino).**

En **Hech 5, 15-16** se cuentan las curaciones que hasta la sombra de Pedro producía; y en **6, 1-4**: "Los Doce convocaron la Asamblea de los discípulos y dijeron: 'No parece bien que nosotros abandonemos la Palabra de Dios por servir a las mesas (de las viudas y necesitados). Por tanto, hermanos, buscad… hombres y los pondremos al frente de este cargo; mientras que nosotros nos dedicaremos a la oración y al ministerio de la palabra".

La Biblia de Jerusalén trae esta Nota en 6,4: "la doble función de los apóstoles en las reuniones litúrgicas de la comunidad fue: dirigir las oraciones y desarrollar la catequesis.

¿Creemos nosotros que los apóstoles de hoy, sacerdotes y laicos, hemos recibido este mismo mandato? ¿Lo ponemos en práctica? Sinceramente creo que no y, por el contrario, nos dedicamos a hacer tantísimas otras cosas por y para Dios, como si Él necesitara algo de nosotros que no fuera una obediencia plena, expresión de nuestra confianza absoluta. ¡Qué pena! ¿no?

CAP° 26

NADIE QUIERE ACUSARSE A SÍ MISMO

San Doroteo, abad, me hizo entender la verdad de este título. Leyendo la 2ª lectura del Lunes IX: "quien está fortalecido por la oración o la meditación tolerará fácilmente, sin perder la calma, a un hermano que lo insulta... si examinamos atentamente la cuestión, veremos que la causa de toda perturbación consiste en que **nadie se acusa a sí mismo...** Y esto no debe extrañarnos, ya que los santos nos enseñan que esta acusación de sí mismo es el único camino que nos puede llevar a la paz.

Que esto es verdad, lo hemos comprobado en múltiples ocasiones; y nosotros esperamos con anhelo hallar el descanso, a pesar de nuestra desidia, o pensamos andar por el camino recto, **a pesar de nuestra resistencia en acusarnos a nosotros mismos**. Así son las cosas. Por más virtudes que posea un hombre... estará siempre afligido o afligirá a los demás, perdiendo así el mérito de todas sus fatigas".

Desde que estas palabras hicieron eco en mi corazón, no las he olvidado. Más, he encontrado otros Santos Padres que dicen lo mismo con palabras y ejemplos distintos. Me he dado cuenta que esto fue lo que ocurrió a nuestros primeros padres: Eva no reconoció su falta, sino que echó la culpa a la serpiente. Adán, tampoco, sino que echó la culpa a Eva: *"la mujer que me diste por compañera me dio del árbol... Dijo Yahveh Dios a la mujer ¿Por qué lo has hecho? Y contestó la mujer: La serpiente me sedujo y comí"* (Gén 3, 11-13).

Lo he experimentado en mí mismo, cuando digo "he llegado tarde, porque nadie me dijo la hora de la reunión". Y lo experimento continuamente en el sacramento del perdón: la mamá, p.ej. que me dice: "tengo un niño tan nervioso, que (el niño) me ha hecho perder los nervios y le he pegado unas tortas. Yo intento explicarle: no, señora, no es el culpable el niño, sino usted que tiene poca paciencia; y debería darle gracias al chiquillo porque le hace descubrir eso, ya que una enfermedad que usted no ha descubierto, nunca podrá sanarla, ¿verdad?.

CAPº 27

DE LA RESURRECCIÓN Y EL DESPUÉS ¿QUÉ SABEMOS?

Me 'inquieta' esta pregunta: ¿resucitan también los que no van al cielo? He expresado a veces que creo que hay tres estadios en esto: desde que nacemos hasta que morimos, desde la muerte hasta el juicio final y la eternidad.

Con respecto a la segunda parte de la pregunta esto es lo que he encontrado en la Palabra. Hay gente buena que duda que pueda haber condenados, pero la Escritura me parece que es clara y reitera que sí: en la presentación de Jesús en el Templo lo afirma el anciano Simeón (Lc 2, 34); en el salmo 1 (los dos caminos del hombre); en Jn 5, 29: "saldrán los que hayan hecho el bien para una resurrección de vida, y los que hayan hecho el mal para una resurrección de juicio".

En el Diluvio perecen muchos y se salvan Noé y los suyos; en el Salmo 33: en contra del malvado está el Señor, 'para borrar de la tierra su memoria'; escucha, en cambio, al justo y lo libra de todas sus congojas; en Sal 7: Dios salva a los de corazón recto; en Rom 8, 8-11: "los que viven en forma desordenada y egoísta no pueden agradar a Dios... Quien no tiene el Espíritu de Cristo no es de Cristo"; en Os 14, 8-10: "Los justos cumplen los mandamiento, los pecadores, en cambio, tropiezan en ellos y caen";

En Mt 25, 31-46 está claro que unos serán benditos y otros malditos, pero ojo a las palabras a unos y otros; en Mt 18, 33-35 el Patrón manda encadenar al que él había perdonado la deuda y el otro no perdonó a su compañero. En Deut 4, 7-9: ten cuidado y entiende bien: no vayas a olvidarte de estos hechos ni dejes que se aparten de tu corazón en todos los días de tu vida.

En Mt 5, 18-19: el que quebrante uno de estos preceptos menores... pero el que los cumpla... será grande en el Reino de los cielos; en Jer 7, 23-28: Escuchen mi voz y yo seré su Dios... caminen siempre por el camino que yo les mostraré *(Yo soy el camino para la verdad y la vida)*; en Lc 11, 23: "El que no está conmigo está contra mí..."

CAPº 28

TODAVÍA MÁS LECCIONES
QUE HE APRENDIDO

Dos no pelean si uno no quiere: no echemos la culpa al otro, sino reconozcamos la propia culpa. Distingamos entre el querer-querer y el que no es así: S. Ignacio los distingue. Hay incluso quien afirma que a veces no queremos sanar de una enfermedad por hacernos los importantes y atraer la atención de los otros.

No arrimarme al fuego, sino huir, sin dármela de valiente, porque quien se arrima, se quema. Una plantita se arranca con más facilidad si está recién nacida que si ya ha crecido mucho, e igual pasa con las enfermedades y los pecados.

Ese disgusto o mal sabor de boca que me deja el pecado es la voz de la conciencia, el aviso cariñoso de Dios para volver a su camino. El pecado perjudica en primer lugar a quien lo comete y por contagio, como los virus, a los próximos. Recordemos que todos formamos un solo cuerpo y cualquier "órgano que se estropea produce malestar en todo el cuerpo".

Los pecados veniales no los desterramos, porque nos falta sensibilidad ante el Amor que Dios nos tiene; si crezco en ese Amor, los combatiré. Y es necesario, porque toda enfermedad grave comienza en una leve. ¡Qué importante es vigilar nuestro corazón y tenerlo a raya!, porque él es el motor de todo lo bueno y malo que hacemos. Pero escucha lo que dice la Palabra de Dios: *Nada hay más mentiroso que el corazón del hombre* (y mujer). Creer esto, te podrá ayudar mucho.

No es bueno acostumbrarme a darme "falsas excusas", sino ser sincero conmigo y exigirme: nadie es buen juez en causa propia. Hagamos caso a quienes nos quieren bien cuando nos corrigen. Incluso desea ser corregido, porque este es el modo más eficaz de aprender. Dios dice: *hijo no seas tonto, haz caso a las correcciones de tus mayores.*

Perdonar a quien creemos que nos ha ofendido es una de las cosas que más trabajo cuesta ¿verdad?. Pues hay un tipo de oración específica para ser capaz de perdonar a mi ofensor. Hela aquí en amplios rasgos: colócate con la imaginación a los pies de Cristo moribundo en la cruz. Observa cómo te mira y te perdona. Luego ve que llega tu ofensor y también se arrodilla a los pies de Cristo. Ve cómo Jesús lo mira y escucha cómo lo perdona... Por último intenta decirle al Señor: si tú me has perdonado a mí y a él, yo también quiero perdonarle, ¡Ayúdame Jesús! Prueba y ya me dirás si lo lograste o no. Si a la primera no lo consigues, insiste más veces.

Existe otro tipo de oración, que se llama "Baño de luz" y consiste sencillamente en dejarte bañar por la Luz que es Cristo, como hacemos en la ducha. Procura olvidarte en esos minutos de todo problema, no hables, déjate empapar. Verás como sales nuevo del baño. Repítelo cuantas veces quieras. La imaginación también nos la ha dado Dios y debemos usarla en el diálogo con Él.

No todo se arregla con la petición a Dios (que no me va a ayudar hasta haber agotado yo mis fuerzas), sino poniendo estrategias válidas: una enfermedad no se arregla sólo con pedirlo a Dios, hay que ir al médico y practicar su mandato. La primera estrategia es encontrar la causa del problema o situación por la que estoy suplicando a Dios.

Ayer y hoy le he dado vueltas a lo del *Pan-que-da-la-vida*: su palabra y su cuerpo; pero, ¡cuidado!, sin caer en magias o formulismo. Me parece que esa vida, no es un sombrero de la natural, sino esta misma vida terrena íntegra, vivida desde los criterios y escala de valores del Padre. ¡Qué importante es caer en la cuenta de esto!: "soy espíritu" (y cuerpo), no "tengo espíritu", como tengo una camisa o unos zapatos, que no afectan a 'mi ser'.

Concluyo este capítulo con unas preguntas, que cada uno sería bueno que se respondiera, de acuerdo con su momento de fe. En la Biblia hay muchas expresiones que expresan que Jesús "**elige a unos**". ¿Hay que creerlo literalmente? ¿Y eso no es marginar a los no-elegidos?... Él no se guía por las apariencias. Pero aun cuando elige respeta la libertad del elegido, no viola, como el caso de la conversión de Pablo. Muere por todos, pero no todos aceptamos su oferta. Se necesita la parte del hombre. ¿Me salvo yo o me salva Dios?: las dos cosas y ninguna de las dos sin la otra. ¿Cómo es que Jesús no curó a todos sus contemporáneos enfermos, ni 'convenció' a todos los apóstoles que él escogió (Judas), ni perdona a nadie que no quiere ser perdonado, es decir, que no reconoce su pecado o lo reconoce y no lo confiesa por creer que NO tiene perdón o por soberbia, o por no 'humillarse', como si reconocer la verdad fuera humillación: La verdad nos hace libres y el engaño o no-aceptación de ella nos hace esclavos.

CAP° 29

¿NOS SALVAN NUESTRAS BUENAS OBRAS?

Pablo escribe en Ef 2, 8-10: *"Estáis salvados por su gracia y mediante la fe. Y no se debe a vosotros, sino que es un don de Dios; y tampoco se debe a las obras, para que nadie pueda presumir. Pues somos obra suya. Nos has creado en Cristo Jesús, para que nos dediquemos a las buenas obras, que él nos asignó para que las practicásemos"* (Traducción del Breviario español).

La Plegaria Eucarística II dice: "Ten misericordia de todos nosotros, y así... merezcamos, POR TU Hijo Jesucristo (y no por nuestras obras) compartir la vida eterna y cantar tus alabanzas. La Plegaria I: "Y a nosotros, pecadores... admítenos en la asamblea de los santos... y acéptanos en su compañía NO POR NUESTROS MÉRITOS, sino conforme a tu bondad". En la Plegaria III: "A nuestros hermanos difuntos... recíbelos en tu Reino, donde esperamos gozar todos juntos de la plenitud eterna de tu gloria POR Cristo Señor nuestro, POR quien concedes al mundo todos los bienes". En la Plegaria IV: "Padre de bondad, que todos tus hijos nos reunamos en la heredad de tu reino... y allí, junto con toda la creación libre ya de pecado y de muerte, te glorifiquemos POR Cristo, Señor nuestro, POR quien concedes AL MUNDO todos los bienes".

La segunda idea de esta cita es también importante. Con ella vamos a hacer un ejercicio, que puede resultar muy útil en algunos casos: comparar la traducción de ediciones distintas Ef 2, 8-10, lo cual, entre otras cosas, nos va a enseñar que no podemos tomar al pie de la letra ninguna traducción, ya que todas están autorizadas:

Nos ha creado para que nos dediquemos a las buenas obras que Él nos asignó para que las practicásemos (y no las obras que nosotros pensamos que son "buenas", por aquello de *"¡ay del que al bien llama mal y al mal lo llama bien"*). Este es el caso de Pedro y sus coscorrones al que he hecho ya referencia varias veces.

Esto no significa que Dios lo hace todo y la persona no tiene nada que hacer. Al menos ha de aceptar "esto", lo cual ya comporta negarme a muchas otras cosas y vivir de acuerdo a lo que creo...

La Biblia del Apostolado de la Prensa (1956) traducida por el P. J.M. Petisco, S.J escribe así: "Porque de *pura* gracia habéis sido salvados por medio de la fe, y esto no viene de vosotros: siendo como es un don de Dios; tampoco en virtud de *vuestras* obras *anteriores, puramente naturales,* para que nadie pueda gloriarse. Por cuanto somos hechura suya *en la gracia como lo fuimos en la naturaleza,* criados en Jesucristo para las obras buenas, preparadas por Dios *desde la eternidad* para que nos ejercitemos en ellas *y merezcamos la gloria"*.

La Biblia de la BAC (1962) dice: "Pues de gracia habéis sido salvados POR la fe, y esto no os viene de vosotros, es don de Dios; no viene de las obras, para que nadie se gloríe; que hechura suya somos, creados en Cristo Jesús, para hacer buenas obras, que Dios de antemano preparó, para que en ellas anduviésemos" (8-10).

La Biblia de Ediciones Paulinas, edición 23, dice: "Habéis sido, en efecto, gratuitamente salvados POR la fe; y esto no por vosotros, el don es de Dios; no por obras para, que nadie se gloríe. Porque de Él somos hechura, creados en Cristo Jesús para obras buenas, las cuales Dios preparó de antemano a fin de que caminásemos en ellas".

CAPº 30

NUESTRAS INCOMUNICACIONES

He recibido, a través de un amigo, esta homilía de Francisco Martínez, que creo muy-muy interesante aunque un poquito larga. Quiero ofrecerte unos cuantos párrafos, que quizás te van a suponer un pequeño esfuerzo para sacar todo el jugo que contienen, pero merecen la pena.

"El hombre es constitutivamente relación y don de sí... Esto responde sobre todo a la renovación del hombre obrada por Jesús. Quien tenga una visión global de la historia verá que primero los filósofos, los sabios, nos hablaron de las cosas, de las esencias, de lo más profundo y escondido del ser. Posteriormente vinieron las corrientes existencialistas, como el marxismo y otras ideologías, que trasladaron la atención del hombre a la existencia, a la historia. Hoy todo el pensamiento moderno ha cambiado de rumbo y está preocupado por el hombre como ser abierto y comunicado, como relación y amor.

Esto tiene una gran afinidad con el evangelio... Para Dios el hombre es un ser junto a los otros y para los otros... Nadie nace ni vive solo... Yo soy yo cuando, perfeccionando lo que los otros me han dado en el amor, la cultura, la fe, ayudo a los otros a sacar de sí su mejor "tú".

En Dios, todos somos uno. Todos formamos el cuerpo de Cristo y somos miembros los unos de los otros. He ahí la razón del amor fraterno que consiste en amarnos con el mismo amor de Dios depositado por el Espíritu Santo en nuestros corazones".

¡Observa lo novedosa e interesante de esta idea que Francisco Martínez expresa!: *"La incomunicación con los otros suele venir de nuestra incomunicación con Dios… Quien tiene a Dios y se deja tener por él, vive en comunicación profunda con todos. El hombre creyente es esencialmente Don de sí y gracia. Es entrega bondadosa y alegre…"*

Y ahora fíjate en la gravedad de esta afirmación, que yo comparto totalmente: "Tenemos fe, pero no maduramos en ella. Creemos creer, pero no acabamos de creer en sinceridad total. Nos servimos de la fe, pero no nos entregamos a ella. …Vemos a los otros como una amenaza a nuestra seguridad. Juzgamos y condenamos por sistema. Nos domina la hipersensibilidad y vivimos la manía de la oposición, de la disputa, del aislamiento resentido y agresivo".

¿Estás de acuerdo con esta larga descripción de la actual cultura en la que vivimos?: "Nuestra cultura ha construido edificios muy altos, pero nuestras casas están más cerradas. Tenemos autopistas más anchas, pero nuestros puntos de vista son más estrechos. Gastamos más dinero y tenemos cada vez menos. Compramos más y disfrutamos menos. Tenemos casas más grandes, pero familias más pequeñas. Poseemos cosas más útiles, pero carecemos de tiempo para disfrutar de ellas. Nuestra educación es más compleja, pero tiene menos sentido. Conocemos más, pero nuestros juicios son errados. Somos más expertos, pero tenemos más problemas. Disponemos de más medicinas y menos bienestar. Hemos ido y vuelto a la luna, pero no solemos cruzar la calle para visitar a un vecino. Hemos conquistado el espacio exterior, pero no el interior. Construimos más ordenadores y guardamos más información, pero nos comunicamos menos".

Sería muy interesante que buscaras un ratito y escribieras tus conclusiones de esta interesante lectura.

CAPº 31

CONSCIENTE, SUBCONSCIENTE E INCONSCIENTE Y MECANISMOS

Ahora vamos a trasladarnos por unos minutos al mundo de la mente, siguiendo lo que dice Edu López, Coaching de vida.

La **mente** graba todo lo que vivimos, vemos, oímos, hacemos y experimentamos. Pero lo importante es saber que al principio esa información la tienes en tu **consciente;** a medida que va pasando el tiempo se traslada al **subconsciente** y por último al **inconsciente**. Recuerda siempre estos tres conceptos, que nos van a hacer falta en este capítulo.

Cada una de estas tres **partes de la mente tiene sus funciones específicas:**

El **Consciente**: Es aquella parte de la mente que se encarga de percibir la realidad de la que el sujeto se da cuenta y que puede describir sin esfuerzo. Lo que percibe, recuerda, o piensa…

La parte **Subconsciente** o Preconsciente: Conoce las cosas que has sabido, pero que temporalmente has olvidado ya en tu consciente. Con un poco de esfuerzo puedes volver a recordar y traerlas al campo de lo consciente.

La parte **Inconsciente**: Es la sección mental más grande y oculta (6/7 partes de la mente) donde reposan innumerables experiencias que has vivido desde la niñez y que te son imposibles de recordar.

Pero están presentes en forma de impulsos, impresiones, pensamientos incontrolados y recuerdos reprimidos: activos e impulsivos.

En el mundo psíquico, es precisamente en el **inconsciente** donde se cree que está tu verdadero yo, es el lugar desde donde reaccionas. Las cosas que permites que lleguen a este lugar o que, habiéndote dado cuenta de que ya están en tu inconsciente, no las 'sacas', te afectarán toda la vida. Con frecuencia los sueños de la noche son expresión de lo que tienes en esa habitación obscura. Hay quien lo expresa así: lo que existe en el inconsciente es como el agua hirviendo que presiona la tapadera de la olla y a veces la hace saltar. De ahí que el Psicólogo te pregunte por tus sueños y de ellos concluye lo que deseas ser o hacer, pero no te atreves.

La mente **subconsciente** es muy 'simbólica'. P.ej., cuando a una persona le gustaría hacer una cosa y por una razón u otra nunca puede hacerla, porque no puede dejar de hacer otra, decimos que hay un conflicto entre la mente consciente y una parte de la mente subconsciente. En otras palabras, una parte de mí es consciente de que otra parte de mí está haciendo algo que conscientemente no apruebo y además es algo que incluso puede interferir en mis objetivos o en mis necesidades.

Este conflicto te crea ansiedad, que cada vez se intensifica hasta que la mente subconsciente emplea una solución como **mecanismos de defensa** para que tú puedas seguir con normalidad, pero en verdad el conflicto no está resuelto, sino que está enmascarado. Es como si una herida en el brazo la taparas para no verla y creyeras que así ha sanado.

¿Te das cuenta la importancia que tiene que conozcas tu profundidad, para que ni el subconsciente ni el inconsciente te dominen? Si vives superficialmente, haciendo solo lo que te apetece, lo que te gusta, lo que te resulta fácil, no eres libre y dueño de verdad de tu vida. Recuerda que el inconsciente ocupa las 6/7 partes de tu mente, que puedes y debes ir rescatando para hacerte cada día un poquito más persona.

Los **mecanismos de defensa son** las trampas y engaños más comunes que utiliza el subconsciente:

Racionalización: Formular excusas o 'falsas razones', para justificar una conducta o incapacidad. Ocurre cuando nos ponemos a la defensiva. Un ejemplo sería cuando tú tienes unos brazos muy largos, de los que los compañeros se ríen y tú te defiendes diciendo que así estás más guapo.

Proyección: Atribuir a otra persona algún defecto moral o falta que tú tienes. El nombre viene de la máquina de cine, que proyecta sobre la pantalla lo que ella tiene dentro (en el celuloide). Y la expresión sería: *piensa el ladrón que todos son de su condición.*

Introyección: Lo contrario de la proyección, es copiar subconscientemente a otra persona, incluidas todas sus actitudes, mensajes, prejuicios, expresiones, incluso el sonido de su voz, etc.

Represión: No dejar salir a la consciencia lo desagradable o lo que está asociado con el desagrado. Es malo, p.ej. ahogar (reprimir) ciertos sentimientos, en lugar de canalizarlos. Fíjate en el agua: si en lugar de canalizarla, le pones un muro, lo rompe y destroza todo lo que encuentra a su paso.

Regresión: Regresar a una conducta infantil como forma de resolver una dificultad. Por ejemplo un niño mayor que de estrés empieza a orinarse en la cama o a chuparse el dedo pulgar después de bastante tiempo de haber abandonado ese comportamiento.

Aislamiento: La separación de la memoria y de la emoción... puedo recordar y hablar sobre un acontecimiento, pero no siento ninguna emoción – la persona habla sobre el incidente como si le hubiese ocurrido a otra persona.

Substitución: Cuando a una persona le gustan ciertas cosas que no son muy bien vistas o aceptadas por su entorno, como un deseo, impulso, emoción u objeto, y las sustituye por otras más aceptables. Por ejemplo una mujer tiene un deseo de casarse con un hombre que se parezca mucho a su padre y se conforma con casarse con un hombre que se le parece solamente un poco.

Sublimación: Utilizar la energía resultante de un instinto o impulso muy fuerte que no se puede expresar, en otras actividades donde la persona puede sentir una satisfacción. La redirección de los impulsos se realiza hacia actividades socialmente aceptables, normales y saludables, por ejemplo, cuando los impulsos sexuales de la adolescencia se canalizan hacia el deporte y la competencia.

Compensación: Desarrollar la capacidad positiva, en un intento de compensar una deficiencia física, social o intelectual. P.ej. el mal estudiante que se dedica a destacar en el deporte para compensar su mala imagen.

Conversión: El conflicto mental se convierte en un síntoma físico, es decir, "se somatiza". Por ejemplo, un soldado en plena batalla quiere servir a su país pero cree que es malo matar, entonces en su interior aparecerá un conflicto interno que le desarrolla una parálisis, ceguera, sordera… sin una causa externa.

Identificación: Asumir como características propias de su personalidad, aspectos que admira en otra persona. Se da mucho cundo uno se peina, viste, gesticula y habla como un futbolista o artista al que admira… Ocurre, sobre todo, durante el período de entre ocho y trece años.

Fantasía: Escapar de frustraciones y limitaciones usando la imaginación para verse triunfador, admirado y con los deseos satisfechos refugiándose en un mundo de sueños de otros tiempos.

Formación de Reacción: El responder con una actitud contraria a la que se siente en realidad: Amor por odio, pasividad por agresividad, etc.

Desplazamiento o transfer: Este mecanismo de defensa reduce la ansiedad o la presión mediante la transferencia de sentimientos que tenemos hacia una persona a otra. Por ejemplo, un hombre está enojado con su jefe y cuando llega a casa le da las patadas a su gato, o los golpes a su esposa, que hubiera deseado dar a su jefe.

Simple Negación: negación de hechos o emociones desagradables, como si no fuesen reales o no existiesen. Es una mentira no consciente.

Las consecuencias de los mecanismos de defensa en la persona son las siguientes:

- un esfuerzo constante de autojustificarse por todo y ante todos.
- autoengaño constante.
- la realidad está siendo negada y se crea una vida que es falsa.
- una vida de tensión constante y de autodefensa.
- se interrumpe el desarrollo de la personalidad y de la madurez espiritual.

Estos mecanismos de defensa **tienen su origen** íntimamente relacionado con el instinto innato de autodefensa, autopreservación: La persona no logra lo que desea o no alcanza el nivel de aceptación en el grupo o la vida que desea, y desarrolla un **mecanismo** para que ella misma no vea su cruda realidad ni tampoco la vean los demás y así eliminar el sufrimiento. Le llamamos "mecanismos" de defensa, porque se disparan automáticamente, como ocurre con las máquinas. Son actuaciones no conscientes y tampoco libres.

¿Entiendes ahora mejor a tu mente consciente, subconsciente e inconsciente?

¿Identificaste algún mecanismo de defensa en tu vida? ¿Qué estás dispuesto a hacer?

CAP° 32

¿CUENTO O REALIDAD? ¿QUÉ TE PARECE?

Para que descanses del esfuerzo realizado con el tema anterior, te transmito ahora un cuentecillo, muy instructivo. Ojalá lo pongas en práctica.

Suena el despertador y el cerebro empieza a preocuparse. "Ya hay que levantarse y nos comimos todo el combustible".

A la primera neurona que tiene a mano le manda un mensaje a ver qué disponibilidad hay de glucosa en la sangre.

Desde la sangre le responden: 'Aquí hay azúcar para unos 15 ó 20 minutos, nada más'.

El cerebro hace un gesto de duda, y le dice a la neurona mensajera: 'De acuerdo, vayan hablando con el hígado a ver qué tiene en reserva'.

En el hígado consultan la cuenta de ahorros y responden que 'a lo sumo los fondos alcanzan para unos 20 a 25 minutos'. En total no hay sino cerca de 290 gramos de glucosa, es decir, alcanza para 45 minutos, tiempo en el cual el cerebro ha estado rogándole a todos los santos a ver si se nos ocurre desayunar. Si estamos apurados o nos resulta insoportable comer en la mañana, el pobre órgano tendrá que ponerse en emergencia:

¡Alerta máxima!: nos están tirando un paquete económico. Cortisona, hija, saca lo que puedas de las células musculares, los ligamentos de los huesos y el colágeno de la piel'.

75

La cortisona pondrá en marcha los mecanismos para que las células se abran cual cartera de mamá comprando útiles, y dejen salir sus proteínas. Éstas pasarán al hígado para que las convierta en glucosa sanguínea. El proceso continuará hasta que volvamos a comer.

Como se ve, quien cree que no desayuna se está engañando: Se come sus propios músculos, se autodevora. La consecuencia es la pérdida de tono muscular, y un cerebro que, en vez de ocuparse de sus funciones intelectuales, se pasa la mañana activando el sistema de emergencia para obtener combustible y alimento.

¿Cómo afecta eso a nuestro peso?: Al comenzar el día ayunando, se pone en marcha una estrategia de ahorro energético, por lo cual el metabolismo disminuye. El cerebro no sabe si el ayuno será por unas horas o por unos días, así que toma las medidas restrictivas más severas.

Por eso, si la persona decide luego almorzar, la comida será aceptada como excedente, se desviará hacia el almacén de 'grasa de reserva' y la persona engordará.

La razón de que los músculos sean los primeros utilizados como combustible de reserva en el ayuno matutino se debe a que en las horas de la mañana predomina la hormona cortisol que estimula la destrucción de las proteínas musculares y su conversión en glucosa.

Así que ya lo sabes ahora…nunca más salgas sin desayunar, tu organismo te lo agradecerá y compensará con mayor salud, que te permitirá disfrutar viviendo más tiempo y sano para que convivas con tus seres queridos…

Desayunando temprano, llevarás la energía suficiente que te ayudará a que tu mente sea más ágil, tus pensamientos más espontáneos, tu cuerpo más relajado, con mayor facilidad de movimiento y por lógica…te estresarás menos.

Fuente: Dra. Daniela Jakubowicz (Endocrinóloga)

CAPº 33

TEMOR DEL SEÑOR

"Él es mi Dios y salvador:
Confiaré y no temeré,
Porque mi fuerza y mi poder es el Señor,
Él fue mi salvación" (Isaías 12, 2)

¿Sabías que el **Temor del Señor** es uno de los siete dones del E.S. y otro la Piedad? Además son los dos pilares de la educación religiosa de S. José de Calasanz, Patrono universal de la Enseñanza Primaria.

"Temer, **temor**": Respecto de Dios, no designan miedo, sino más bien una actitud de respeto y reverencia hacia Él, y se traduce a veces por 'honrar', 'respetar', 'reverenciar'.

La Nota de la Biblia latinoamericana a Sirácida o Elesiástico capº 1 dice. "Se habla repetidas veces de *temer al Señor*, lo mismo que en varios salmos. NO hemos de pensar que sea el miedo de los paganos que imaginan a un Dios rencoroso. El que teme a Dios tiene miedo de apartarse de él porque en él está la vida. Tiene miedo de ofenderlo porque conoce su amor. Como lo notamos respecto a Proverbios 1, temer a Dios significa respetarlo con obediencia y cariño.

Temer a Dios se opone a temer lo que dirán los demás, temor a ser burlado, temor a fracasar. El que teme a Dios da más importancia a lo que dice Dios, a lo que promete cuando nos invita a buscarlo y salvar a los demás" (pág. 937).

Y la Nota de la Biblia de Maracaibo a Eclº 1,11 dice: Temer al Señor = honrar al Señor: resume la actitud de reverencia, amor y obediencia a

Dios, propia del verdadero creyente. Es parte integrante de la *sabiduría*, cf v. 14 que afirma: *"la sabiduría comienza por temer (honrar) al Señor"*.

S. Hilario escribe (II lectura del jueves II semana de Cuaresma): *"¡Dichoso el que teme al Señor y sigue sus caminos!* Hay que advertir que siempre que en las Escrituras se nos habla del temor del Señor, nunca se nos habla de él solo, como si bastase para la perfección de la fe, sino que va siempre acompañado de otras muchas nociones que nos ayudan a entender su naturaleza y perfección; como vemos en lo que está escrito en el libro de los Proverbios (2, 3-5): *Si invocas a la inteligencia y llamas a la prudencia, si la procura como el dinero y la buscas como un tesoro, entonces comprenderás el temor del Señor.*

Observemos, pues, cuántos pasos hay que dar previamente para llegar al temor del Señor. Antes, en efecto, hay que invocar a la inteligencia, llamar a la prudencia, procurarla como el dinero y buscarla como un tesoro. Así se llega a la comprensión del temor del Señor. Porque el temor, en la común opinión de los hombres, tiene otro sentido.

El temor, en efecto, es el miedo que experimenta la debilidad humana cuando teme sufrir lo que no querría. Se origina en nosotros por la conciencia del pecado, por la autoridad del más poderoso, por la violencia del más fuerte, por la enfermedad, por el encuentro con un animal feroz, por la amenaza de un mal cualquiera. Esta clase de temor no necesita ser enseñado, sino que surge espontáneo de nuestra debilidad natural. Ni siquiera necesitamos aprender lo que hay que temer, sino que las mismas cosas que tememos nos infunden su temor.

En cambio, con respecto al temor del Señor, hallamos escrito: *Venid, hijos, escuchadme: os instruiré en el temor del Señor.* Así, pues, el temor del Señor ha de ser aprendido, ya que es enseñado. No radica en el miedo, sino en la instrucción racional; ni es el miedo connatural a nuestra condición, sino que consiste en la observancia de los preceptos, en las obras de una vida inocente, en el conocimiento de la verdad.

Para nosotros, el temor del Señor radica en el amor, y en el amor halla su perfección. Y la prueba de nuestro amor a Dios está en la obediencia a sus consejos, en la sumisión a sus mandatos, en la confianza en sus promesas. Oigamos lo que nos dice la Escritura: *Ahora, Israel ¿qué es lo que te exige el Señor, tu Dios?: que temas al Señor, tu Dios, que sigas sus caminos y lo ames, que guardes sus preceptos con todo el corazón y con toda el alma, para tu bien.*

Muchos son los caminos del Señor, aunque él en persona es 'el camino'. Y refiriéndose a sí mismo nos dice: *Nadie va al Padre sino por mí.*

Por lo tanto, hay que buscar y examinar muchos caminos e insistir en muchos de ellos para hallar, por medio de las enseñanzas de muchos, el único camino seguro, el único que nos lleva a la vida eterna. Hallamos, en efecto, varios caminos en la ley, en los profetas, en los evangelios, en los apóstoles, en las distintas obras mandadas; dichosos los que movidos por el temor de Dios, caminan por ellos"

"Los que temen ofender al Señor buscan lo que es de su agrado; los que lo aman cumplen su ley" (Ecl° 2,19).

CAPº 34

CONTRA LA CRISIS: TODOS UNIDOS

También los jóvenes tenéis que saber en qué mundo vivimos y la economía, querámoslo o no, es un factor clave. He entresacado unas ideas de la carta del Obispo de Solsona sobre el tema de la crisis:

¿Qué nos ha pasado?: El año 2007, el sistema financiero de los Estados Unidos sufrió una gravísima crisis por causa de haber concedido una gran cantidad de préstamos a personas "sin oficio ni beneficio" que muy difícilmente los podrían volver. El capitalismo liberal norteamericano genera desde hace años una enorme cantidad de pobres que se sostienen socialmente no a través de los servicios públicos propios de los estados sociales europeos sino mediante la concesión de préstamos.

Esta crisis provocó un "tsunami" financiero que afectó todo el mundo pero especialmente Europa.

En España esta dinámica fue espectacular debido a la burbuja inmobiliaria y de unas inversiones faraónicas en infraestructuras. Este crecimiento atrajo gran cantidad de mano de obra proveniente del extranjero…

España está escapándose de la intervención o la quiebra gracias a los signos de confianza en su solvencia que ha dado a través de los recortes del gasto público y los planes de futuro en la misma dirección.

Cataluña todavía está peor. Debido al sistema de financiación de la Generalitat, ningún banco se fía de su solvencia. La Generalitat no tiene dinero para mantener unos servicios públicos tan costosos y no ofrece garantías porque los bancos se los puedan dejar´

¿Por qué nos ha pasado esto?: Es fácil buscar culpables de la crisis: acusamos los políticos, los banqueros, los "mercados", el "sistema". Pero, no nos engañemos, sin negar sus responsabilidades, tenemos que reconocer que el motivo principal de la crisis es que todos juntos hemos querido vivir por encima de nuestras posibilidades. La sociedad de consumo nos ha convencido que la felicidad consiste en disfrutar de bienestar económico: es feliz quien consume, compra las últimas novedades tecnológicas, viaja, tiene una casa propia, un vehículo de gama alta, un armario variado y dinero para una operación de cirugía estética…

¿Quién sufre la crisis con más dureza?: La cara más dura de la crisis, como siempre, son los más débiles… También sufren duramente la crisis los inmigrantes. Vinieron porque los necesitábamos y ahora son los primeros en ser despachados y en no encontrar trabajo. Pero la cara más peligrosa y alarmante de esta crisis es la gran cantidad de personas normalizadas laboralmente que han quedado en paro y no encuentran trabajo…

¿Qué tenemos que hacer?: Los fieles católicos no podemos quedar impasibles ante el hecho que algunos parientes, amigos, vecinos y conciudadanos están en el umbral de la pobreza, con dificultades para disfrutar de los servicios más básicos de alimentación y vivienda. No podemos pasar de largo ante esta realidad como algunos de los personajes de la parábola del buen samaritano (Lc 10,30-37).

La segunda petición va dirigida a los trabajadores, sean empleados de empresas o funcionarios. Es muy necesario que ante la situación actual rememos todos en la misma dirección. La división y el enfrentamiento harán que se hunda el barco en el que toda la sociedad está embarcada.

… El Señor pone a prueba nuestra fe, nuestra relación personal con Él, preguntándonos: "¿Qué haces cuando me ves con hambre, forastero y desnudo? (Mt 25, 34-40). ¡Nosotros, con la ayuda de Dios, podemos impedirlo! Sólo tenemos que hacer cada uno una cosa muy sencilla, la misma que hizo el buen samaritano:… acercarnos con voluntad de ayudarles directamente u ocuparnos a través de Cáritas. ¡Esto, a pesar de que parece poco, es mucho!

+ Xavier, Obispo de Solsona, 31 de enero de 2012

P.D.- Os añado como postdata esta definición de "utopía":

Ella está en el horizonte. Me acerco dos pasos, ella se aleja dos pasos. Camino diez pasos y el horizonte se corre diez pasos más allá. Por mucho que yo camine, nunca la alcanzaré. ¿Para qué sirve la utopía? Para eso sirve: para caminar.

CAP° 35

PSICOLOGÍA, DROGAS Y SOCIEDAD

ZENIT publicó, con motivo del Día Internacional de la prevención del uso de drogas, este escrito de Gemita Garrido, del que os voy a presentar unas ideas:

En nuestra opinión, la construcción social que hemos desarrollado los seres humanos está enferma... el abuso de drogas y alcohol se ha masificado en los últimos cincuenta años en el mundo, haciéndose eco de una filosofía materialista y orientada hacia la búsqueda del placer, con una visión de la vida carente de ideales verdaderos y que es incapaz de dar un sentido más profundo a la existencia del ser humano...

Basándose en los estudios psicológicos y sociológicos, Juan Pablo II señalaba, ya en 1980, como consecuencia de las drogas:

★La falta de claras y convincentes motivaciones de vida

★La estructura social deficiente y no satisfactoria

★El sentimiento de la soledad y de incomunicabilidad

Las personas que abusan del consumo de drogas y alcohol, son por un lado víctimas de un sistema y por otro, responsables de su propio destino; la exclusión en la que viven los condenan aún más. La comprensión y la compasión (sufrir con) son esenciales para pensar moralmente cómo solidarizarnos con ellos e incluirlos en la sociedad y comunidad. Los sufrimientos asociados a estas conductas, que implican efectos sobre la vida social y familiar, requieren de nuestra acción evangélica decidida y coherente.

Creemos necesario que los cambios sociales e individuales que permitan alterar estas realidades de exclusión, deben implicar una visión social del problema que debe ir acompañada por la vivencia de **valores básicos** que permiten entablar relaciones enriquecedoras (amistad, comprensión, cariño, aceptación, etc) y dignifican a la persona humana.

Entre ellos contamos:

Autodominio: la persona humana tiene la obligación de autoposeerse para poder realizarse y entregarse.

Responsabilidad: cualquier evasión de la realidad implica una cuota de falta de responsabilidad o esclavitud de la propia libertad.

Autorrespeto: respetar la propia dignidad de la persona humana.

Crecimiento: la persona humana está invitada a crecer constantemente, a aportar algo a la sociedad.

En nuestra sociedad, la cultura que se promueve es la de gozar lo que se pueda. Vivir feliz es el único imperativo y ello se consigue de cualquier forma. La felicidad de cada uno es hacer lo que a él le gusta. Dinero, poder y placer son los tres dioses que ya denunció San Juan.

Es aquí donde debemos presentar a **Jesús,** que realiza su predicación con palabras y signos o milagros, y desde el inicio anuncia que ha venido a liberar al pueblo de esa condición de injusticia en que se encuentra.

El Sermón del monte es la utopía de Dios: felices los pobres, felices los compasivos, felices los pacificadores, los limpios de corazón, los que luchan por la justicia. Jesús vino para todos, no quiere que nadie se pierda, esa salvación y esa llamada a la conversión, se hace desde los marginados, desde los no amados.

CAPº 36

AUTOCONOCIMIENTO Y AUTOACEPTACIÓN, DOS PILARES BÁSICOS

1.-Autoconocimiento

Vamos a continuar con un tema psicológico básico, en dos partes. Como la primera cualidad de la Inteligencia Emocional es la que representa el pilar que determina el grado de evolución en el resto de las cualidades, es decir en la medida que tengamos un nivel profundo y bien estructurado de autoconocimiento estaremos estableciendo las bases para que las demás también tengan la estructura y profundidad que permita un buen desarrollo del coeficiente emocional en cada persona.

El Autoconocimiento que implica la habilidad de identificar y reconocer todo aquello que te constituye desde lo biológico y lo corporal, aquellas características físicas que te determinan, pasando por lo mental, información y formación que posees, el grado de análisis y racionalidad que manejas; por lo emocional, qué emociones te son frecuentes y el grado de regulación que tienes sobre ellas, las fortalezas vs las debilidades; y finalmente, lo espiritual, las creencias o paradigmas y la fe en algo superior a ti, que te acompaña y te constituye en el "ser maravilloso" que eres.

Es también la competencia de la cual se nos dificulta más hacernos cargo, muchas veces porque damos por hecho que ya nos conocemos, pues ¿quién es la persona con la que pasamos 24 horas al día, 365 días al año? Pues nosotros, es decir cada uno de nosotros.

Eso nos hace asumir erróneamente que nos conocemos y sin embargo, con el paso del tiempo y en nuestra cotidianidad los resultados de nuestras relaciones interpersonales muchas veces nos dan evidencias de lo contrario, pues cuando tenemos relaciones interpersonales pobres y conflictivas, es el producto del "pobre conocimiento" que tenemos de nosotros mismos.

Desarrollar el autoconocimiento implica una especie de "escaneo" del "ser", que te lleva a "hacer" (coordinación de acciones) y finalmente, te conduce al "tener". Y cuando hablo de tener no me refiero a las cosas externas y materiales únicamente, también me refiero a todas aquellas competencias y recursos internos que te permiten vivir mejor.

Al revisar, por ejemplo las características de la personalidad, podemos descubrir colores, tonos y matices que facilitan o dificultan la relación contigo mismo y con los demás lo que muestra el retrato único y particular de cada individuo. Por ello, ser capaz de separarte de ti para percibirte desde otro ángulo es lo que te da la competencia para convertirte en un observador diferente, más completo, más consciente y sobretodo más abierto al cambio y a la transformación.

¿Quien soy en este momento? ¿En quién me quiero convertir? ¿Y qué puedo hacer para llegar allí? Esto es, crear o diseñar un plan personal de auto transformación, que incluya la coordinación de acciones que me lleve a ejecutar ese plan. Diseñar, en base a la percepción de ese nuevo observador, un plan de trabajo para cada área que constituye el "ser" es lo que permite que logremos alcanzar la meta de convertirnos en "la mejor versión de nosotros mismos", pues siempre, siempre podemos ser mejores de lo que ya somos.

Para comenzar a hacerte cargo de aumentar y desarrollar esta competencia de Inteligencia Emocional te invito a realizar el siguiente ejercicio:

Toma papel y lápiz, comienza a escribir una "autobiografía" que contenga un inventario de las características que te componen física, mental, emocional y espiritualmente, en donde también indiques la historia de vida familiar que traes, tus creencias, paradigmas, miedos, anhelos, sueños, triunfos y fracasos. Incluye todo aquello que consideres importante de ti y de tu vida.

Una vez terminada déjala hasta el día siguiente, entonces léela con calma sin variar nada, colócala en un sobre y envíatelo a tu casa u oficina por correo tradicional.

Posteriormente, el día que te llegue, invítate a comer a un sitio muy especial, en donde tú serás el invitado de honor y allí solo contigo, siendo la mejor compañía que podrías llegar a tener, ábrela y léela como si fuera la carta más esperada y anhelada de tu vida.

Te puedo garantizar que será la experiencia de encuentro contigo más valiosa que hayas tenido nunca, pues será una experiencia de amor y aceptación incondicional.

2.-Autoaceptación

El hombre está llamado, además de conocerse, a la autoaceptación, que supone la elección libre y consciente de amarnos tal como somos. Es la base de una saludable y correcta autoestima. Partir de lo que uno es permite la hermosa tarea de reconstruir la personalidad para llegar a ser lo que uno puede y, por lo tanto, debe llegar a ser. No es una actitud conformista, sino dinámica.

La autoaceptación conduce a la superación de los elementos inapropiados de nuestra personalidad y al desarrollo de aquellos que nos enriquecen humana y espiritualmente.

La autoaceptación necesita del humilde reconocimiento de nuestra pequeñez: "*Al ver esto, Simón Pedro se arrodilló ante Jesús, diciendo: "Señor, apártate de mí, que soy un hombre pecador."* (Lc 5,8)

Aceptarse como uno es posibilita el disfrute de nuestra irrepetible identidad – única en el mundo –. Nos permite valorar positivamente la vida y a quienes nos acompañan en ella. Nos abre un horizonte de posibilidades desde el optimismo y el deseo de vivir.

Tony Meléndez, guitarrista, compositor y cantante nicaragüense, nació sin brazos. En su primera infancia se rebelaba ante esa situación. Con la gracia de Dios, hoy se dedica a dar conciertos de guitarra, que toca con los dedos de los pies, y charlas motivacionales. Se aceptó como era y sacó de sí el milagro de abrir los ojos a muchos jóvenes que todavía quedan impactados por su testimonio.

CAPº 37

BIENAVENTURANZAS DE LA SONRISA

Felices quienes ofrecen cada mañana una sonrisa a la primera persona que se cruza en su camino.

Felices quienes derrochan sonrisas, pues sólo este exceso podrá vencer la distancia, los muros y las apariencias.

Felices quienes han descubierto que una sonrisa no cuesta Prácticamente nada y en cambio produce frutos imprevisibles.

Felices quienes después de vivir unos malos momentos renuevan el ánimo con la sonrisa y la cercanía del amigo.

Felices quienes no piensan en el valor del mercado por cada sonrisa que ofrecen, sino que las reparten a quien la necesita y reconoce su utilidad en el momento que la regala.

Felices quienes se han dado cuenta que una sonrisa es un bálsamo que produce milagros y está indicada contra la tristeza, la apatía, la desesperanza y la dureza de corazón.

Felices quienes saben que una sonrisa ofrece serenidad ante el cansancio de la vida, da nuevo vigor a la persona que la recibe y renueva su ánimo.

Felices quienes han experimentado que repartiendo cada día más sonrisas no se empobrecen, sino que aumenta su felicidad al enriquecer a quienes las reciben. (Eclesalia Informativo).

89

CAPº 38

ENTREVISTA A JAVIER GOMÁ FILÓSOFO Y ESCRITOR

Ahora te presento unos trozos de la entrevista que le hizo *El País* a Javier Gomá.

- **¿Posmodernos sin saberlo?** "Hoy una chica de 13 años es posmoderno-romántica sin saberlo. Cuando dice: 'Esto es mi cuerpo, ésta es mi vida, hago lo que quiero', está hablando el lenguaje de Voltaire, de Chateaubriand, de Nietzsche. ¿Cuándo se convirtió esa visión, que empezó siendo minoritaria, en una imagen natural del mundo? En los años sesenta del siglo XX. Con el derrumbamiento de la sociedad jerárquico-autoritaria y la entrada en escena de la masa consumista".

- **¿Autoridad sin autoritarismo?** "Ha saltado por los aires el principio de autoridad, que era un elemento vertebrador de la sociedad. Hasta el siglo XVIII un individuo tenía una esfera de libertad muy pequeña y un concepto de sí mismo *al servicio de* (el rey o el gremio de zapateros). Además tenía creencias colectivas fuertes (patriotismo, religión) y costumbres extremadamente moldeadoras (la tradición). Y todo en una sociedad muy jerárquica con una minoría poderosa que se proponía a sí misma como modelo. Esa combinación rompía cualquier individualidad. Ahora vivimos la ausencia de todo eso unida al lenguaje de la liberación subjetiva. Disturbios como los de septiembre en Pozuelo y la polémica sobre la autoridad de los maestros demuestran que los chicos viven en sociedad, pero no están socializados. Hay que volver a valorar las conquistas de la libertad: el derecho a la intimidad, a la reunión, al propio nombre, cosas que hasta hace poco se negaban. Los jóvenes de hoy no saben cuánto costó esa liberación porque el precio no lo pagaron ellos sino sus padres".

– ¿Fascinante confusión? "Me considero un hijo gozoso de mi época. Tenemos la responsabilidad de dar contenido a un proyecto civilizatorio que es contingente, precario y sin precedentes que sirvan de modelo. Fascinante. Los que nos dedicamos a la reflexión debemos ayudar a moldear la que será la imagen natural del mundo en el futuro para que sea compatible con la convivencia colectiva y favorable al proyecto democrático, secularizado e igualitario".

– ¿Más ejemplos y menos leyes? "Siempre existirán autoridades coactivas –tu padre o el Ministerio de Hacienda–, pero las que pretendan ser legítimas tendrán que basarse en la ejemplaridad. Antes, ser padre era un hecho biológico del que se derivaba un arsenal de poderes sobre tu mujer y tus hijos. Hoy es un hecho moral que te tienes que ganar con una conducta ejemplar. El problema de la política es que hay sobreabundancia de leyes y falta de conductas ejemplares. Es un círculo vicioso: el ejemplo negativo de los políticos desmoraliza a la sociedad, se generaliza la vulgaridad en la conducta y los propios políticos reaccionan con más leyes".

CAPº 39

¿CÓMO SEGUIR A JESÚS HOY EN ESTA SOCIEDAD NUESTRA?

¿Cómo seguir nosotras y nosotros a Jesús en este siglo XXI, en el seno de este mundo que solemos llamar occidental y desarrollado al que pertenecemos y no desistir en el intento? ¿Cómo hoy, éste, nuestro pueblo, nuestra "Galilea de los gentiles", que parece caminar en tinieblas puede encontrar la luz? ¿Estaremos repitiendo la misma historia del siglo I cuando "(casi) todos abandonaron al Maestro camino del Calvario"…?

Para responder a esta pregunta, tan antigua y siempre nueva, no hay recetas. Es seguro que Jesús sigue llamando con la misma prioridad y radicalidad que en los primeros tiempos. Tal vez, sea esa radicalidad la que tenemos que rescatar. La mediocridad y el miedo nos matan. Al ignorar su radicalidad, ¿no habrá dejado de ser nuestro gozo el Evangelio de Jesús para convertirse en nuestro problema? ¿No será –como apunta Metz– "que la Iglesia ha perdido su fuerza irradiadora no porque exige demasiado, sino en el fondo porque exige muy poco, es decir, por presentar con poca claridad sus exigencias a la luz de las prioridades del Evangelio"?

Radical significa perteneciente o relativo a la raíz. Y nuestra raíz es Jesús. No estoy invitando al rigorismo sino a volver a nuestra raíz, invito a recuperar la radicalidad. El rigorismo procede más bien del miedo, mientras que la radicalidad nace de la libertad de la llamada de Jesucristo: **seguidme y os haré pescadores de hombres**. Antes de la invitación al seguimiento, Jesús presenta una buena y bella noticia de salvación, un Reino de justicia y de vida plena al que se tiene acceso ya desde ahora y que es como un banquete nupcial o un tesoro escondido. Eso es lo realmente decisivo. El Reino como 'Buena Noticia de salvación' tiene una dimensión tal de ultimidad que todo lo demás, visto desde la fascinación que él provoca, se convierte en penúltimo y pierde densidad.

La llamada a la radicalidad implica hoy un compromiso firme con la justicia y los derechos humanos. No es evangélico que la seguidora o seguidor de Jesús se encierre en sí misma, en su familia, en su pequeño mundo… y se desentienda del resto de la humanidad. Tampoco es evangélico que miremos tan lejos que no veamos a las personas que tenemos cerca. Y menos evangélico es aún, el no mirar, el no querer ver ni de cerca ni de lejos. La radicalidad es compatible con la debilidad no con la falta de compromiso. En este mundo que nos llama a las rebajas, a lo *light,* a los saldos… es preciso mantener la radicalidad evangélica, no enmendarle la plana a Jesús. Si "aguamos" la radicalidad o "abaratamos" la gracia, estamos traicionando la esencia del Evangelio y corremos el riesgo de convertir el cristianismo en algo superfluo.

CAPº 40

CÓMO AFRONTAR LAS DIVISIONES DENTRO DE LA IGLESIA

Tenemos en la iglesia actual divisiones, aunque sea por motivos diferentes de los de entonces y con el agravante de que somos "cristianos viejos" que ya deberíamos haber comprendido lo esencial. "Progres" y "carcas", comunidades populares o integristas, "capillitas" y cenáculos, grupitos para iniciados… son fenómenos actuales.

La forma de afrontar este pluralismo no es – como frecuentemente ocurre – la de intentar ahogar o marginar a los que no están de acuerdo conmigo. Ni la de uniformizar. Sino:

a) relativizar la importancia de la situación; el asunto no es nuevo y seguramente no es tan profundo como las divisiones de los cristianos de Corinto;

b), sobre todo ir al centro: una vez más la adhesión al Señor es lo importante y todo el resto es de poca importancia, aunque lo creamos a veces o nos lo hagan creer. Un buen examen de conciencia mostrará que damos más importancia a muchas otras cosas que a la unión con Él.

Esta solución quizás parezca menos práctica. Pero es la verdadera desde el punto de vista evangélico.

CAPº 41

LA RELIGIOSIDAD POPULAR Y NUESTRA ACTITUD ANTE ELLA

Benedicto XVI sintetizó, con la agudeza que le caracteriza, lo que entendemos por "religiosidad popular". Sus palabras se refieren a América latina, pero creo que valen también para Europa y particularmente para España. He aquí sus palabras: "La sabiduría de los pueblos originarios les llevó afortunadamente a formar una síntesis entre sus culturas y la fe cristiana que los misioneros les ofrecían. De allí ha nacido la rica y profunda religiosidad popular, en la cual aparece el alma de los pueblos latinoamericanos (que se resume en cinco puntos):

1º) El amor a Cristo *sufriente*, el Dios de la compasión, del perdón y de la reconciliación. El Dios que nos ha amado hasta entregarse por nosotros:

2º) El amor al Señor presente en la Eucaristía, el Dios encarnado, muerto y resucitado para ser Pan de vida:

3º) El Dios cercano a los pobres y a los que sufren;

4º) La profunda devoción a la Santísima Virgen

5º) La devoción a los santos con sus fiestas patronales, el amor al Papa y los demás pastores y el amor a la Iglesia universal como la gran familia de Dios.

Todo esto forma el gran mosaico de la religiosidad popular que es el precioso tesoro de la Iglesia católica en América Latina, y que ella debe proteger, promover y, en lo que fuera necesario, también purificar" (Discurso inaugural de Aparecida: *Documento de Aparecida,* Edición CEV, pág. 9).

Mira despacio estos cinco puntos y ve si son la síntesis de tu fe, o no. Evita contestarte con un "no" o un "sí" a secas. Profundiza, sin prisa, porque en el modo con que vivimos la fe nos estamos jugando el fruto, el beneficio.

Me da mucha pena apreciar que montones de creyentes no llegan a vivir como personas libres, hijos de Dios, alegres, seguros de que Dios los ama y llenos de valentía para ofrecer su fe a todos aquéllos que no la conocen o la han olvidado.

CAPº 42

UNA PALABRA SECUESTRADA: "POLÍTICA"

La palabra "política" viene del griego "polis", que significa ciudad. Y de ahí sale "ciudadano", que no significa "el que vive en una ciudad, por contraposición con el que vive en un pueblo o aldea, sino el que se comporta (se rige) como una persona y no como un animal.

La diferencia entre la ley que rige la vida de los ciudadanos –el consenso, el acuerdo- y la ley que rige en la selva –la ley del más fuerte- es abismal. En la selva, el más fuerte impone su voluntad y se come al más débil. En la ciudad, el más débil dispone de *la fuerza de la ley* para su defensa.

Piensa bien este concepto: los fuertes no necesitan quienes les defiendan, se defienden solos; pero los débiles ¿qué fuerza tienen para frenar los abusos de los abusadores?: sólo las leyes... cuando son justas y los jueces no están vendidos a nadie, sino que son independientes.

Los animales son irracionales, brutos. Las personas, en cambio, somos "animales políticos", porque vivimos en las polis, es decir, en las ciudades sometidos a las leyes políticas, las leyes propias de la civilización. Así lo dijo uno de los más grandes filósofos, varios siglos antes de Cristo, Aristóteles.

Las cosas de la ciudad, su bienestar es tarea de todos y cada uno de los ciudadanos. Luego, en verdad, todos hemos de ser políticos, todos hemos de cuidar el bienestar y el progreso de nuestra ciudad.

Sin embargo, ¿qué pasa?: que en nuestros días han aparecido los políticos y los Partidos políticos, con lo que la palabra "política" nos la han secuestrado. Por eso algunos ciudadanos pueden cometer ese error gravísimo de confesarse "a-políticos", que es como si una persona dijera "yo no soy persona".

Las palabras nos traicionan, fíjate en la expresión "Partido político" ¿qué significa?: que no busca el interés de *todos,* sino el de *una parte de la ciudad.*

A lo largo de la Historia ha habido diversos tipos de Gobierno político: monarquía, democracia, aristocracia (gobierno de un grupo) autocracia (gobierno absoluto) república, dictadura (gobierno de un dictador), gobierno militarista…

Aquel al que todos los pueblos aspiran es la *democracia.* ¿Sabes qué significa?: es una palabra suma de dos: *demos,* que significa "pueblo" y *cracia,* que significa "poder". Es decir, que quien tiene el poder es el pueblo. Esto en la teoría, porque en la práctica los que forman el Gobierno le secuestran el poder y lo ejercen ellos, dejando al pueblo casi exclusivamente el poder de votar de vez en cuando.

¿Tú has oído hablar de los tres poderes?: legislativo (da leyes), ejecutivo (las ejecuta, las pone en práctica), judicial (juzga incluso al Gobierno). Para que exista de verdad democracia, los tres poderes han de ser netamente independientes entre sí. Por eso cuando el Jefe del Estado controla los tres, los somete a su capricho, estamos en una dictadura.

Comenta todo lo dicho hasta aquí. **Subraya las frases que te han llamado la atención** y explica a los compañeros del Grupo por qué las has subrayado.

Ahora te invito a que leas y comentes estas palabras del Papa: *En América Latina y el Caribe, igual que en otras regiones, se ha evolucionado hacia la democracia, aunque haya motivos de preocupación ante formas de gobierno autoritarias o sujetas a ciertas ideologías que se creían superadas, y que no corresponden con la visión cristiana del hombre y de la sociedad, como nos enseña la doctrina social de la Iglesia.*

Por otra parte, la economía liberal de algunos países latinoamericanos ha de tener presente la equidad, pues siguen aumentando los sectores sociales que se ven probados cada vez más por una enorme pobreza o incluso expropiados de los bienes naturales" (Benedicto XVI en "Documento de Aparecida", edición del CEV, pág. 10).

A. M. P. I.

Ad Maius Pietatis Incrementum: Para el mayor incremento de la piedad.